Das italienische Kochbuch

Besuchen Sie uns im Internet: www.komet-verlag.de

Alle Rechte der Reproduktion, Bearbeitung, Übersetzung oder anderweitige Verwendungen, auch auszugsweise, weltweit vorbehalten. Dies gilt auch für Mikroverfilmung und für die Verarbeitung mit elektronischen Systemen.

© 2002 Komet Verlag GmbH, Köln
Idee/Konzept/Design/Inhalt: agilmedien, Köln
Umschlaggestaltung: Peter Mebus für agilmedien, Köln
Satz: Alexander Aspropoulos & assandesign/Gottfried Assan für agilmedien, Köln
Fotos: Paul LeClaire, Köln
Texte: Johannes Winz, Paolo Manzini, A. Aspropoulos, Dr. Michael Vonau, Petra Knorr
Gesamtherstellung: Komet Verlag GmbH, Köln
ISBN 3-89836-304-X

Das italienische Kochbuch

KOMET

Inhalt

Inhalt

Rezeptverzeichnis 8

Wie zu Zeiten Lukulls – Genuss auf Italienisch 12

Fleisch für die Ewigkeit – Die Küche der Etrusker 14

Das Kochbuch des Apicius 16

Vom Weizenbrei zum Schaugericht – Die Esskultur im antiken Rom 18

Von Mulsum bis Falernia: Wein im antiken Rom 18

...und fast 2000 Jahre später 28

Marco Polos Geschichten, oder: Wie die Makkaroni nach Italien kam 32

Polenta, Gnocchi & Espresso – Die Entdeckung der neuen kulinarischen Welten 36

Rezepte: 42

Antipasti 42
Suppen 56
Reis 70
Pasta und Klößchen 82
Fisch 110
Fleisch und Geflügel 124
Nachspeisen und Gebäck 148

Die Küche der Regionen 162

Glossar 166

Rezeptregister 170

Antipasti **42**

Italienische Kräuterbrötchen 44
Soffritto 45
Carpaccio vom Rind 45
Feigen mit Mailänder Salami 46
Gefüllte Tomaten mit Oliven und Kapern 46
Ligurischer Tintenfischsalat 49
Zwiebelkuchen aus Assisi 49
Umbrischer Bohnensalat 50
Gurkensalat mit Fenchel 52

Suppen . . . . **.56**

Italienische Hühnersuppe 58
Kastaniensuppe 58
Minestrone aus dem Tessin 60
Fleischbrühe nach Art von Pavia 61
Umbrische Brotsuppe 63
Endiviensuppe mit Croûtons 66

Reis 70

Risotto mit Entenragout und Apfelcurry 72
Risotto mit Kürbis, Bohnen und Amaretti-Keksen 73
Risotto mit Lamm und Auberginen 76
Risotto mit Rucola, Paprika und Sardellen 77
Risotto mit Spargel und Garnelen 78
Risotto mit Steinpilzen 79

Pasta und Klößchen 82

Sugo Bolognese 84
Kampanisches Feuer 85
Italienische Tomatensoße .85
Bandnudeln mit Fleischklößchen 86
Chilinudeln mit Zucchini .89
Mais-Pasta mit Gemüsesugo 90
Fussili mit Schinkensoße .91
Lasagne nach Bologneser Art 92
Nudeln mit grünem Spargel 93
Nuden mit kleinen Artischocken 95
Nudeln mit zweierlei Käse .96
Ravioli mit Lammfleischfüllung 97
Rigatoni mit Brokkoli 98
Spaghetti mit Sardinen im Pergamentpaket 100
Steinpilznudeln 102
Tagliatelle mit Anchovis (Tagliatelle all' acciuga) 103
Tagliatelle mit Venusmuscheln (Tagliatelle alle vongole) 104
Zitronennudeln 105
Kartoffelklößchen nach Don Alfonso (Gnocchetti Don Alfonso) . . .106
Südtiroler Speckknödel auf gedünsteten Pilzen 109

Fische und Meeresfrüchte 110

Genueser Fischeintopf 112
Titenfisch mit Nudeln 114
Garnelen in Zucchini 116
Muscheln alla Giovanni 118
Venezianischer Seeteufel 119
Scampi mit Knoblauch und Olivenöl 120

Fleisch und Geflügel 124

Gemischtes Siedfleisch (Bollito Misto) 126
Kalabreser Fleischrolle (Braciuola alla Calabrese) 127
Gänsebraten mit herzhafter Wurst- und Salamifüllung 128
Gratin vom Huhn mit Nudeln 129
Kalbsbraten mit Tasche (Arrosto di vitello con tasca) 130
Kalbsfilet mit Sardellen mit Kapern 131
Kalbsragout in Barbera 132
Kaninchen in Wermut 133
Römischer Lammbraten 134
Leber auf Mailänder Art 136

Kalbshaxe in Gemüseeintopf (Ossobuco) 138
Putenröllchen mit Parmaschinken in Bohnengemüse 141
Rinderbraten in Sangiovese 142
Sardisches Huhn 144
Schweinefilet in Balsamico 146
Wildschweinrücken aus der Marema 147

Nachspeisen und Gebäck **148**

Tiramisù 150
Apfelsalat 152
Feigen mit Zitronencreme 152
Früchtegratin mit Mascarpone 153
Früchtedessert 153
Himbeer-Creme-Schnitten 157
Weinschaumcreme (Zabaione) 158
Genueser Creme 158
Zuppa inglese 159

Wie zu Zeiten Lukulls –
Genuss auf Italienisch

„L'appetito vien mangiando. Ma anche vedendo mangiare gli altri."

„Der Appetit kommt mit dem Essen." So weit, so gut – weltbürgerlich. Doch der italienische Schriftsteller Roberto Gervaso geht einen landestypischen Schritt weiter: „Aber auch, wenn man den anderen dabei zusieht." Unvorstellbar ist es für den italienischen Liebhaber der guten Küche, sich den Genüssen einer gedeckten Tafel allein hinzugeben. So richtig schmeckt es erst, wenn man in geselliger Runde tafeln kann und auch ein wenig von den fernen Köstlichkeiten des Nachbartisches inspiriert wird. In Sachen gesellige Tafelrunden blicken die Italiener auf eine lange Tradition zurück. Schon die alten Römer speisten gerne an langen Tischen, wobei die Üppigkeit der antiken Speisepläne heutzutage sicherlich abschreckend wirkt. Die opulenten Gastmahle des römischen Feldherrn Lucius Licinius Lucullus (117–56 v. Chr.) sind legendär – und auch heute noch weltberühmt.

Italienisch genießen – das war ein Traum der Deutschen, spätestens seit den Tagen, als Winckelmann und Goethe im ausgehenden 18. Jahrhundert das gelobte Land der antiken Kultur suchten und die leichte und fröhliche Lebensart fanden. Heinrich Heine bringt diese Sehnsucht in seiner Erzählung „Aus den Memoiren des Herren von Schnabelewopski" auf den kulinarischen Punkt:

„Italiens gelbfette, leidenschaftgewürzte, humoristisch garnierte, aber doch schmachtend idealische Küche trägt ganz den Charakter der italienischen Schönen. Oh, wie sehne ich mich manchmal nach den lombardischen Stuffados, nach den Tagliarinis und Broccolis des holdseligen Toskana! Alles schwimmt in Öl, träge und zärtlich, und trillert Rossinis süße Melodien und weint vor Zwiebelduft und Sehnsucht! Den Makkaroni mußt du aber mit den Fingern essen, und dann heißt er: Beatrice! Nur gar zu oft denke ich an Italien und am öftesten des Nachts. Vorgestern träumte mir, ich befände mich in Italien und sei ein bunter Harlekin und läge recht faulenzerisch unter einer Trauerweide. Die herabhängenden Zweige dieser Trauerweide waren aber lauter Makkaroni, die mir lang und lieblich bis ins Maul hineinfielen; zwischen diesem Laubwerk von Makkaroni flossen statt Sonnenstrahlen lauter gelbe Butterströme, und endlich fiel von oben herab ein weißer Regen von geriebenem Parmesankäse. Ach! von geträumtem Makkaroni wird man nicht satt - Beatrice!"

Das Träumen hat ein Ende, denn das italienische Kochbuch präsentiert über 100 Rezepte aus der schier unermesslichen Vielfalt der Regionalküchen auf der Apenninhalbinsel. Von leckeren Antipasti, über den ersten Hauptgang aus schmackhaften Nudel- oder Reisgerichten, bis hin zu üppigen Braten oder zartem Fisch, alles beschlossen mit einem süßen Geheimnis aus der Welt der italienischen Nachspeisen, dazu ein passender Wein aus den großen Lagen des Landes. Genießerherz, was willst du mehr?

Wenn man das italienische Kochbuch nach vollendeter Lektüre aus der Hand legt, sollte die Antwort auf jene berühmte Frage von Goethes Mignon leicht fallen:

Kennst du das Land, wo die Zitronen blühn
Im dunkeln Laub die Goldorangen glühn,
Ein sanfter Wind vom blauen Himmel weht,
Die Myrte still und hoch der Lorbeer steht,
Kennst du es wohl?

Fleisch für die Ewigkeit – Die Küche der Etrusker

Die Geschichte der italienischen Küche beginnt lange vor dem historischen Aufstieg der Römer zur antiken Weltmacht. Das von seiner Herkunft her geheimnisumwitterte Volk der Etrusker schuf mit seiner hochentwickelten Kultur auf den Gebieten des Ackerbaus, des Handels und der Kunst erste Eckpfeiler einer Esskultur, die sich später zu einer der führenden Küchen der Welt entwickeln sollte.

Seit dem 8. Jahrhundert v. Chr. besiedelten die Etrusker die Gebiete Mittelitaliens zwischen Tiber und Arno, später drangen sie über die Poebene bis nach Venetien und fast bis an die Grenzen des Gardasees vor. Im Süden standen ihnen wehrhafte Italovölker entgegen, die Umbrier und auch die frühen Römer konnten eine weitere Ausbreitung des etruskischen Machtbereiches verhindern, auch wenn Rom selbst von 610–509 v. Chr. von einer etruskischen Dynastie beherrscht wurde.

Obwohl die etruskische Sprache in ihrer Anlehnung an das Griechische einige Zeugnisse hinterlassen hat, fehlen doch Beschreibungen der Essgewohnheiten der Etrusker. In dieser Frage bleibt man auf archäologische Funde und die Deutung der zahlreichen, kunstvollen Fresken, Gemälde oder Grabbeigaben angewiesen. Sie berichten über die kulinarischen Vorlieben eines Stammes, der auch über den Tod hinaus auf seine gewohnten Leckereien nicht verzichten wollte. In etruskischen Gräbern in Cerveteri, nördlich von Rom, zeigt ein Wandgemälde eine große Tafel, an der Sklaven Wasser mit Mehl mischen, als Werkzeuge dienen eine Schöpfkelle, ein Nudelholz und eine Schneidrolle. Die Geburtsstunde von Pasta oder Pizza? Von Pizza vielleicht, von Pasta gewiss nicht, wie noch gezeigt werden soll.

Die etruskischen Bauern kultivierten eine Fülle an Getreide- und Gemüsesorten, die auch heute noch die Region bestimmen: Gerste, Hirse und Roggen, Oliven und Trauben, Knoblauch, Zwiebeln und eine Vielzahl unterschiedlichster Bohnensorten wuchsen auf den fruchtbaren Feldern. Granatäpfel, Feigen, Erdbeeren, Äpfel und Melonen füllten den Fruchtkorb. Rinder, Schweine, Enten, Gänse, Ziegen und Schafe lieferten eine Fülle an schmackhaften Fleischsorten. Aus der Milch von Kühen und Schweinen wurde Käse gefertigt, der in Olivenöl eingelegt oder durch eine Kruste von Duftholzasche konserviert wurde.

Rosmarin und Lorbeerblätter verliehen gekochtem Fisch oder gebratener Schweineleber die nötige Würze. Gesüßt wurde mit Honig, mit Salz konserviert. Ein Gemälde aus einer Grabkammer nahe Orvieto zeigt eine etruskische Küche in vollem Betrieb: Rinderhälften, Wildbret, Hasen und Enten hängen an stattlichen Küchenhaken ab. Ein Koch hantiert mit einer Bratpfanne über offenem Herdfeuer, ein anderer schwenkt die Soßenpfanne, während Töpfe mit Soßen in Reichweite stehen. Ein anderes Bild zeigt einen Koch beim Fleischhacken, einen weiteren beim Zerstampfen von Lebensmitteln mit dem Stößel. Eine elegant gekleidete Frau überwacht einen Sklaven, wie er ein ausladendes Tablett mit Brot, Paradiesäpfeln und schwarzen Trauben zum Festbankett trägt. Die unabhängige Rolle der Frau, zumindest aus gehobenen Ständen, war ein Skandal für die damaligen Nachbarn im Süden. Erst später übernahmen die Römer diese Sitte der Etrusker, für die Küche war nicht mehr die Hausfrau, sondern eben ein hochbezahlter Küchenchef zuständig – natürlich nur, wenn man es sich leisten konnte.

In Fragen der Etikette hielten es die Etrusker noch nicht so streng: Gegessen wurde mit den Fingern, Brot diente zum Auftunken der schmackhaften Soßen. Die Brotreste wurden nach dem Essen auf den Boden geworfen, wo freilaufende Hühner, Katzen und Hunde sich der Entsorgung gerne annahmen. In der Frühzeit saß man auf Stühlen, seit dem 6. Jahrhundert v. Chr. setzte sich die bequeme Esscouch durch, die später auch den Römern zu gehobenem Esskomfort verhelfen sollte.

Auch die Etrusker wussten einen guten Tropfen Wein zu schätzen, den sie in Amphoren lagerten und vor dem Servieren in Keramik- oder Goldkrügen kühlten. Bei der Herstellung von Wein wurde die frisch gepresste Traubenmaische in Tonbehälter gefüllt, die anschließend zur Kühlung vergraben wurden. Nachdem der Gärungsprozess abgeschlossen war, wurde der Wein in noch tieferen Kellern gelagert.

Die hohe Esskultur der Etrusker ging mit dem Schwinden ihrer politischen Macht nicht unter, sondern auf in den Küchen der nahenden Weltmacht Rom.
Im Jahr 509 v. Chr. wurden die Etrusker aus Rom vertrieben und die Verbindung zu ihren südlichen Territorien in Latium unterbrochen. Beständige Reibereien mit den griechischen Kolonien in Italien und zur See mit der rivalisierenden Seehandelsmacht Griechenland taten ein Übriges. Seit dem 4. Jahrhundert v. Chr. fiel eine etruskische Stadt nach der anderen unter die Herrschaft der Römer, die sich nicht nur die Herrschaftszentren, sondern auch die Kochkünste der Besiegten einverleibten.

Das Kochbuch des Apicius

Marcus Gavius Apicius war ein berüchtigter Feinschmecker zu Zeiten der römischen Kaiser Tiberius und Augustus um Christi Geburt. Ob das Kochbuch, das seinen Namen verewigen sollte, tatsächlich von ihm persönlich geschrieben ist, ist umstritten, einige Namensvettern legen den Verdacht nahe, dass sich ‚Apicius' zum Pseudonym für Feinschmecker gemausert hat, von dessen Zugkraft die überlieferte Rezeptsammlung „De re coquinaria" – Vom Kochen – aus dem 4. Jahrhundert profitierte.

Ein Zeitgenosse des Apicius, der Philosoph Seneca, berichtet über das tragische Ende des Feinschmeckers, der seinen höchsten Ansprüchen an Lebensstandard und Lebensgenuss mit verminderten Einnahmen nicht mehr gerecht werden konnte und so den Freitod einem Verhungern auf höchstem Niveau vorzog. Seneca schreibt:

„Dessen Ende zu kennen lohnt sich. Als er 100 Millionen Sesterzen für die Küche aufgewandt hat, als er so viele Geschenke der Kaiser und die ungeheure Steuer des Kapitols in einzelnen Gelagen verprasst hatte, da erst zog er, von Schulden gedrückt, notgedrungen Bilanz; er rechnete aus, dass ihm 10 Millionen Sesterzen übrigbleiben würden, und als ob er im ärgsten Hunger leben müsste, wenn er mit 10 Millionen Sesterzen lebte, beendete er sein Leben mit Gift."

Das erste Werk des Apicius beschäftigte sich allein mit der Zubereitung von schmackhaften Soßen: „De condituris". Die römische wie die griechische Küche, verwendete eine Reihe asiatischer Gewürze, die heute in jeder Küche zu finden sind. Griechen und Römer mussten hier noch ihre weitgespannten Handelsbeziehungen bis hin ins ferne Indien spielen lassen. Neben heimischen Gewürzen wie Anissamen, Oregano, Salbei, Koriander, Petersilie, Thymian, Bohnenkraut, Wacholder oder Rosmarin kamen als asiatische Spezereien Pfeffer, Zimt, Muskatnuss und Nelken hinzu.

Apicius liebte eine möglichst bunte Mischung aus gehackten frischen Kräutern und gemahlenen Gewürzen. So finden sich bei ihm Soßenrezepte, in denen Oregano und Thymian mit gemahlenem Pfeffer, Zimt und Koriandersamen abgeschmeckt werden und verfeinert mit einem Schuss Essig, gesüßt mit etwas Honig und nach Geschmack noch mit Rosinen, Datteln oder Pflaumen. Dies alles wurde dann in Wein oder einer Brühe zur einer Soße von überwältigendem Aroma verkocht.

Auch bei den Getränken liebte es der Römer lieblich, süß und aromatisch. Da man den Weinen der Zeit alles andere als Süße nachsagen konnte, musste etwas nachgeholfen werden. Das Kochbuch des Apicius bringt ein Rezept zur Herstellung von Rosen- oder Veilchenwein:

„Man nehme Rosenblätter – die weiße Rose schmeckt am besten. Man lege die Blätter bedeckt in Wein ein. Nach 7 Tagen siebe man die Blätter heraus. Frische Rosenblätter kommen für weitere 7 Tage in den Wein. Und ein drittes Mal wird die Prozedur wiederholt. Dann werden die Rosenblätter abgesiebt und der Wein in Karaffen gefüllt. Zum Servieren gibt man ein paar frische, süße Rosenblätter in den Kelch. Veilchenwein wird auf die gleiche Weise zubereitet, nur mit Veilchenblättern."

Vom Weizenbrei zum Schaugericht –
Die Esskultur im antiken Rom

Die alten Römer nahmen ursprünglich, wie ihre italienischen Nachfahren heute noch, drei Mahlzeiten am Tag zu sich. Das Frühstück fiel, je nach Geldbeutel, mehr oder weniger opulent aus: Beim iantaculum gab es Brot oder Gebäck mit Milch, Wein, Honig, Eier, Obst und Käse oder auch nur Brot mit Salz. Die Hauptmahlzeit, cena genannt, wurde mittags eingenommen, gewöhnlich in Gestalt eines Getreidebreis, dem durch Eier, Käse oder Honig etwas Geschmack verliehen wurde. War das Mittagessen in den mageren Tagen des jungen Rom zum Großteil vegetarisch, so brachte der wachsende Reichtum auch hier Vielfalt. Fisch- und Fleischgerichte, begleitet von Gemüsebeilagen und abgerundet von einem Nachtisch aus Obst, waren in der Kaiserzeit immer häufiger die Mittagsmahlzeit der Bürger – nicht der Sklaven und Bauern wohlgemerkt, die weiterhin der Getreidekost treu bleiben mussten. Bei reichen Kaufleuten oder dem Adel bildete ein Gang aus kalten Köstlichkeiten wie Austern, Muscheln und eingelegten Fischen und Gemüse mit Kräutern den Abschluss. Diese kalten Nachspeisen wanderten im Lauf der Jahrhunderte vor das eigentliche warme Hauptgericht und wurden so zum Vorläufer der heutigen Antipasti. Als letzte Mahlzeit beendete eine einfache vesperna, das Abendbrot, einen römischen Tag. Sie musste im Lauf der Zeit der späten cena weichen, die als Hauptmahlzeit immer mehr in den Nachmittag hinein verlegt wurde.

Spätestens seit dem 3. Jahrhundert v. Chr. wurde das späte Mittagessen bei den wohlhabenden Römern aus der Adels- und Kaufmannsschicht immer beliebter, da diese ihren Lebensunterhalt nicht mehr mit mühsamer Handarbeit verdienen mussten. Man folgte hier, wie so häufig, dem Vorbild der zivilisierten Griechen. Man konnte so seinen Geschäften bis in den frühen Nachmittag hinein nachgehen, ohne nach dem Essen noch einmal arbeiten zu müssen – ein vol-

ler Bauch schaffte auch im alten Rom nicht gerne. So traf man sich zwischen 15 und 16 Uhr nachmittags zum ausgiebigen Festmahl, das leicht in ein Gelage bis in die frühen Morgenstunden hinein ausarten konnte. Den kleinen Hunger am Mittag stillte zu dieser Zeit das prandium, ein zweites Frühstück, bestehend aus den Resten der cena des Vortages.

Welche Gerichte durfte man von einer cena erwarten? Den ersten Gang bildeten die Vorspeisen aus Gemüse aller Art, das selbst die ärmeren Bürger Roms auf Dachgärten und in Balkonkästen so gut es ging selbst anbauten. Das Gemüse wurde in Salzwasser gekocht und mit deftigen Zutaten wie ausgelassenem Speck, Olivenöl oder Kümmel abgeschmeckt. Kohl, rote Rüben, Zichorie, Endivie und Spargel waren einige der so zubereiteten Gemüsesorten, wenn sie nicht gleich wie Lauch, Zwiebeln, Knoblauch, Gurken, Kürbisse und Melonen auch als angemachte Rohkost verzehrt wurden. Ein weiterer Renner auf den antiken Vorspeisenplatten waren weich gekochte Eier, die bei allen Bevölkerungsschichten gleichermaßen beliebt waren. Die einfachen Bürger, namentlich Soldaten, Bauern und Gladiatoren, griffen bei der Vorspeise gerne zu allerlei Hülsenfrüchten, Linsen, Bohnen, Erbsen und Lupinen. Diese blieben zumeist neben Obst und dem obligatorischen Getreidebrei die einzigen Begleiter einer einfachen cena. Wer es sich leisten konnte, legte noch einige Pilzgerichte mit auf die Vorspeisenplatte: Steinpilze, Champignons oder Kaiserschwämme – an deren vermeintlichem Genuss Kaiser Claudius starb – waren gern gesehene Gäste an den Tafeln der Reichen, ebenso wie Austern, Muscheln, Seeigel oder gesalzene Fische.

Eine cena der ganz besonderen Art schildert der Dichter Petronius Arbiter (gest. 66 n. Chr.) in seinem Abenteuer- und Schelmenroman „Satyricon": die Cena Trimalchionis, ein Festessen im Hause des ehemaligen Sklaven und protzigen Selfmade-Millionärs Trimalchio. Hier gab

es als Vorspeise würzig eingelegte Oliven – zu jener Zeit eine teure Delikatesse, gebratene Siebenschläfer, gegrillte Rostbratwürste aus Schweinefleisch und als Krönung „Pfaueneier". Hierbei handelt es sich nicht wirklich um die Eier eines Pfaus – die waren zu jener Zeit zwar in Mode in den Küchen reicher Römer und somit nahezu unbezahlbar –, sondern um ein äußerst kompliziertes Backteiggericht. Eine küchenfertige Drossel wurde in einem dicken Eiermehlteig gewendet und in schwimmendem Fett ausgebacken. Dieser Krapfen mit Vogelfüllung hatte wohl ungefähr die Form eines Pfaueneis und kam so zu seinem Namen.

Als nächster Zwischengang folgte bei großen Festessen das so genannte Schaugericht. Hier wurden die Speisen sinnträchtig zu einem bestimmten Thema angeordnet. Petronius gibt im 6. Kapitel seines „Satyricon" ein anschauliches Beispiel, auch wenn die geladenen Gäste von der ‚Gewöhnlichkeit' der präsentierten Speisen enttäuscht waren:

„Unser Applaus wurde unterbrochen vom zweiten Gang, der so ganz unter unserer Erwartung blieb. Das Ganze erschien immerhin noch so originell, dass es das Augenmerk aller Anwesenden auf sich zog. Ein riesiges kreisrundes Tablett war an seinen Rändern geziert mit den zwölf Zeichen des Tierkreises, auf denen ein geschickter Arrangeur Portionen von passenden Speisen angeordnet hatte. Auf dem Kopf des Widders waren Kichererbsen, im Zeichen des Stiers ein Stück Rindfleisch, im Zeichen des Zwillings gebratene Hoden und Nieren, beim Krebs eine einfache Krone, im Löwen afrikanische Feigen und auf der Jungfrau Innereien einer Jungsau kunstvoll drapiert. Die Waage barg eine Obsttorte in der einen und einen Käsekuchen in der anderen Schale, der Skorpion präsentierte einen kleinen Seefisch, der Schütze einen Raben, im Steinbock lag ein Hummer, im Wassermann eine Wildgans, im Zeichen der Fische zwei Meerbarben. In der Mitte des Tabletts lag ein grünes Rasenstück, auf dem ein Honigkrug stand. Unterdessen servierte ein ägyptischer Sklave frisches Brot aus einem silbernen Miniaturofen und sang dabei mit furchterregender Stimme ein Operettenlied."

Die verwöhnten Feinschmecker waren zurecht enttäuscht, die dargebotenen Speisen hätten auch in einer wesentlich ärmeren Haushaltung gereicht werden können. Mit den Worten: „Lasst uns essen, dies ist die rechte Speise", befiehlt Trimalchio, das große Tablett mit dem Schauessen anzuheben. Darunter erwartet die Gäste eine wahre Flut an Delikatessen:

„Jetzt sehen wir darunter Poularden und Saueuter, dazu in der Mitte einen Hasen, der mit Federn drapiert war und für Pegasus gelten konnte. Auch fielen uns an den Ecken des Tabletts vier Marsyasfiguren auf, aus deren Schläuchlein eine Pfefferbrühe über Fische hinrann, die wie in einem Golf schwammen."

So fand auch dieses Schaugericht noch eine wohlschmeckende Wendung, und die verwöhnten Gäste waren zufrieden, auch wenn sie noch Größeres erwarteten.

Der eigentliche Hauptgang bestand während der römischen Kaiserzeit aus drei bis sieben Gängen, die durchnummeriert wurden: prima cena, altera cena, tertia cena. Als caput cenae, als Hauptgericht des Hauptgangs, wurde gerne ein ganzes Tier aufgetragen. Laut „Satyricon" gab es derer drei: Zunächst wurde ein ganzes Wildschwein serviert, um das noch kleine Spanferkel im Knusperteig drapiert waren. Beim Aufschneiden des Keilers entflogen der Schnittstelle ein Schwarm lebendiger Drosseln, die ihren Dekorationspart ausnahmsweise nicht mit dem Leben bezahlen mussten.

Dem zweiten Gericht des Hauptgangs, einem riesigen gebratenen Schwein, entquollen nach dem Aufschneiden eine Fülle an Schweins- und Blutwürsten. Das letzte Gericht, ein am Stück zubereitetes Kalb, lässt Rückschlüsse auf die gigantischen Ausmaße der verwendeten Küchenausstattung von Bräter und Ofen zu.

Nachdem die kalten, pikanten Nachspeisen im Lauf der römischen Esskultur an die Stelle einer Vorspeise gerückt waren, wurde der beschließende Gang mit Süßspeisen besetzt. Besonders beliebt waren hier Kuchen – im „Satyricon" herausgebacken in Vogelform, gefüllt mit Rosinen und Nüssen. Gewöhnlich tat es aber auch ein gutgefüllter Früchtekorb, der, wie im heutigen Italien, ein gelungenes Mahl mit seiner Frische abrundet. Trimalchio hingegen serviert ganz untypisch als zweite Nachspeise noch einmal Austern, Muscheln und Schnecken, in den Augen der zeitgenössischen Gäste wohl ein unverzeihlicher Fauxpas, auch wenn Petronius diesen nicht als besonders auffällig schildert.

Dass sich die Gäste zu diesem späten Zeitpunkt der Cena Trimalchionis nicht beschwert haben, mag nicht zuletzt auch daran gelegen haben, dass traditionell erst bei der Nachspeise Wein ausgeschenkt wurde, gesüßt mit Honig stieg er schnell zu Kopf und hob die Stimmung gewaltig.

Von Mulsum bis Falernia: Wein im antiken Rom

Die Römer haben den Weinbau nicht erfunden, in den frühen Zeiten der Republik schätzten sie den berauschenden Traubensaft noch nicht einmal besonders. Ihre größten Widersacher im Kampf um die Vormachtstellung auf der Apenninhalbinsel – die griechischen Kolonisatoren im Süden und die Etrusker im Norden – waren begeisterte Weintrinker und versiert im Weinbau. Hier wollte sich die aufstrebende Weltmacht absetzen, gab es doch abschreckende Beispiele: Der römische Historiker Livius gibt dem Wein eine Mitschuld am Untergang des Etruskerreichs: Ein Bürger der Stadt Chiusi, südlich des Trasimenischen Sees, wollte sich an gallischen Belagerern rächen, da einer von ihnen seine Frau verführt hatte. Er verkaufte den damals noch Unkundigen eine große Ladung verdorbenen Weins. Sobald die Gallier bemerkten, dass man sie übers Ohr gehauen hatte, schlugen sie mit umso größerer Macht zu und zerstörten das etruskische Städtchen.

Erst nachdem Rom seine inneren und äußeren Feinde rund ums Mittelmeer, Griechen, Karthager, Mazedonier und nicht zuletzt die Etrusker, in die Knie gezwungen hatte, machte man sich an die Verfeinerung der Lebenskultur. Nach der Zerstörung Karthagos im Jahr 146 v. Chr. gab der römische Senat die Übersetzung eines karthagischen Traktats über Weinbau in Auftrag. Einer der vehementesten Befürworter der Zerstörung Karthagos, der konservative Politiker Marcus Porcius Cato, hatte acht Jahre zuvor sein „De Agricultura" – Über den Landbau – das älteste erhaltene Prosawerk in lateinischer Sprache und zugleich das älteste römische Werk über Land- und Weinbau verfasst. Cato schlug einen quasi industriellen Anbau auf großen Weingütern vor, bewirtschaftet von

einem Sklavenheer. Und genau das setzten die Römer in die Tat um. Nur wenige Jahrzehnte später exportierte Rom bereits Wein und Knowhow in die besetzten nordalpinen Provinzen, besonders nach Gallien, wo man sich im Gegenzug wieder mit Sklaven für den heimischen Weinanbau eindeckte. Der römische Geschichtsschreiber Plinius wundert sich in diesem Zusammenhang über die Trinklust der Gallier, die den Wein unverdünnt zu sich nahmen – eine Idee, auf die zu jener Zeit kein Römer gekommen wäre, so stark und sauer war der vergorene römische Exportschlager.

Für römische Trinkgewohnheiten gab es mulsum, Wein gestreckt mit Wasser im Verhältnis 1:3 und gesüßt mit Honig. Die politischen Machthaber Roms schenkten ihn gerne kostenlos aus, wenn es darum ging, sich die Gefolgschaft der wachsenden Stadtbevölkerung –

zu dieser Zeit immerhin schon 1 Million – zu sichern. Das alkoholische Getränk wurde nun auch im römischen Stammland so beliebt, dass man im ersten Jahrhundert v. Chr. bereits Wein aus Spanien und Gallien importieren musste.

Mit der Erfahrung kam auch die Verfeinerung des Geschmacks. Der Schriftsteller Varro bemerkt im Jahr 37 v. Chr., dass es manche Traubensorten gibt, deren Weine gerade mal ein Jahr lang genießbar sind, während andere erst durch lange Lagerung an Geschmack gewinnen. Der Geschichtsschreiber Plinius beklagt in seiner Naturgeschichte aus dem Jahr 77 n. Chr., dass die besten Weinbaugebiete einem verhängnisvollen Kahlschlag aus ökonomischen Gründen zum Opfer gefallen seien. Die wohl beste Lage aus Latium, Caecuba zum Beispiel, war jahrelang vernachlässigt worden, bevor sie einem Kanalbauprojekt Kaiser Neros weichen musste.

Andere Kaiser zeigten sich schon eher als Weinkenner und -liebhaber: Augustus bevorzugte Setina, Mamertina aus der Gegend von Messina war Julius Caesars große Leidenschaft, die er auf öffentlichen Banketten gerne mit der Gemeinschaft teilte. Unbestrittener Kaiser unter den Weinsorten aber war der Falernia aus dem Anbaugebiet Cumae am Golf von Neapel, ein Wein aus der aminäischen Traube, die einst von den Griechen nach Italien gebracht worden war. Plinius unterscheidet drei Lagen: die obere Caucinia, die mittlere Lage mit Namen Faustia – bewirtschaftet von Faustus, dem Sohn des Diktators Sulla – und die untere Lage als normaler Falernia.

Dabei erfreute ein guter Wein nicht nur die Seele des fröhlichen Zechers, sondern war auch als Heilmittel gefragt. Galen, der berühmteste Arzt der römischen Antike, hatte als Arzt der Gladiatoren viele Jahre lang die wundersame Heilwirkung des Weins auf verletzte Kämpfer studiert, bevor er sein Wissen in der Schrift „De Antidotis" (Vom Gegengift) niederlegte. Seine Kenntnisse öffneten ihm die Tore des kaiserlichen Palastes, als Leibarzt des Mark Aurel hatte er besonders für die leibliche Unversehrtheit seines Herrn Sorge zu tragen. Kühne Mischungen aus pharmazeutischen Stoffen und Wein sollten vor Vergiftungen schützen. Beim Wein musste es der beste sein, denn Galen fungierte hier als kaiserlicher Vorkoster.

Beim Studium des kaiserlichen Weinkellers probierte sich Galen durch alte Jahrgänge des Falernia Faustius, der mindestens 20 Jahre alt sein musste. Galen verteilte Höchstnoten, die älteste Flasche war auch gleichzeitig die ausgereifteste mit ausgewogener Süße und ohne bittere Geschmacksnote, wie der Weinkritiker betont. Die ausgewählten Weine wurden Mark Aurel in wertvollen Kristallkaraffen oder solchen aus mundgeblasenem Glas serviert. Der Kaiser war als Anhänger der Stoiker an leiblichen Genüssen weniger interessiert als an den Gedanken, die er sich beim Genuss der Köstlichkeiten machen konnte: „Es ist ein schöner Gedanke, dass man angesichts der großen Auswahl an Delikatessen seine Vorstellungskraft stärken kann bei der Vorstellung, dass selbst der Falernia-Wein nichts anderes ist als Traubensaft."

Die guten 15 % vol. Alkohol eines alten Falernia scheinen so fast spurlos an Mark Aurel vorübergegangen zu sein. Bei anderen beflügelte er allein die Fantasie. Petronius Arbiter lässt in seinem Abenteuer- und Schelmenroman „Satyricon" einen Falernia Jahrgang 121 v. Chr. auftragen. Plinius legt nach, dass er von einer Flasche dieses Jahrgangs gekostet und ihn in einem fast untrinkbaren Grad der Konzentration vorgefunden hätte.

Der Leibwein der Reichen und Kaiser war wohl auch für das Volk erschwinglich. Zumindest wenn man einer Werbetafel aus Pompeji, das im Jahr 79 n. Chr. von den Lavamassen des Vesuv verschüttet wurde, glaubt. Die genannte Geldeinheit sind Asse; zum Vergleich, ein Laib Brot kostete 2 Asse: „Für ein Ass kannst du Wein trinken, für zwei kannst du den besten Wein trinken, für vier einen Falernia." Wer's glaubte, wurde selig.

B.lo NARDINI
DISTILLERIA A VAPORE

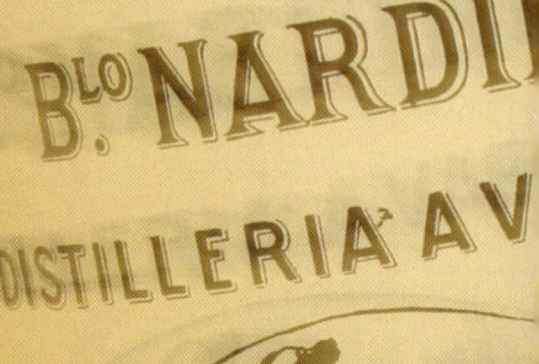

"Nardini"

bevanda spiritosa alla

MANDORLA

*

BASSANO

al PONTE dal 1779

B.lo NARDINI
DISTILLERIA A VAPORE

Taglio

LIQUORE -

BASS

al PONT

PRODOTTO E IMBOTTIGLIATO DALLA DITTA BORTOLO NARDINI S.P.A
STABILIMENTO DI BASSANO DEL GRAPPA (VI) - INGREDIENTI: GRAPPA,
ALCOOL, ZUCCHERO, OLIO DI MANDORLA, AROMI E COLORE NATURALE
LICENZA VIA00008N

50 % vol

PRODOTTA E IMBOTTIGLIATA D
STABILIMENTO DI BASSANO DE
GRAPPA, ZUCCHERO, SUCCO DI
LICEN

100 cl

B.^{LO} NARDINI

DISTILLERIA A VAPORE

Aquavite

di pura vinaccia

doppia rettificata

✳

BASSANO

al PONTE dal 1779

RUTA

PRODOTTA E IMBOTTIGLIATA DALLA DITTA BORTOLO NARDINI S.P.A.
STABILIMENTO DI BASSANO DEL GRAPPA (VI)   43 % VOL

100 cl

LICENZA VIA00008N

...ella "

...TAIL

...NO

1779

...TA BORTOLO NARDINI S.P.A.
...A (VI) - INGREDIENTI: ALCOOL
...CA, AROMI E COLORE NATURALI
...0008N   35 % VOL.

...und fast 2000 Jahre später

(VON JOHANNES WINZ)

Heute produziert Italien mehr Wein als jede andere Weinbaunation der Welt. Einmalig ist wohl auch die Rebsortenvielfalt dieses Landes. Schätzungen sprechen von rund 800 bis 900 verschiedenen Sorten. In den Gebirgstälern der Alpen, der Poebene, den Hügeln des Piemonts und der Toskana, entlang der Adriaküste und in den Apenninen bis hin zu den heißeren Gebieten Apuliens und Siziliens finden wir Weiß- wie Rotweine in einer überwältigenden Vielfalt. Wer kennt nicht so wohlklingende Namen wie Soave, Gavi und Frascati, Chianti (gesprochen: Kianti!), Barolo und Brunello. Doch was verbirgt sich hinter diesen Namen? Welche Weine sind es wert, verzehrt oder sogar verehrt zu werden?

In der Tat kann man von einem „Dschungel der italienischen Weine" sprechen, einer Vielzahl, die schon recht verwirrend sein kann. Beim Weineinkauf steht man zunächst vor einem Regal mit vielen verschiedenen Etiketten, teils schlicht und informativ, teils in edlem Design und nichtssagend. Da ist guter Rat oft teuer. Was also ist zu tun?

Es gibt einige Grundregeln, die man hier beachten sollte:

1. Der Name des Weins sagt nichts über seine Qualität. Es gibt viele italienische Weine, die einen Kunst- oder Markennamen erhalten haben. Andere wiederum heißen nach dem Anbaugebiet oder nach der Rebsorte. Ist der Wein allerdings nach der Rebsorte benannt, so wird der Rebsortenbezeichnung in der Regel noch das Gebiet mit einem dell', di o. ä. angehängt.

Beispiele für das Anbaugebiet: Soave, Barolo, Chianti; Beispiele für Rebsorten: Merlot del Veneto, Montepulciano d'Abruzzo, Verdicchio dei Castelli di Jesi.

2. Auch die Qualitätsstufe muss auf dem Etikett erkennbar sein. In Italien unterscheidet man den VdT - Vino da Tavola (Tafelwein), den IGT - Indicazione Geografica Tipica (Landwein), den DOC - Denominazione di Origine Controllata (Qualitätswein) und den DOCG - ... e Garantita (Qualitätswein ausgewählter Gebiete). Das italienische Weingesetz vergibt an die einzelnen Anbaugebiete eine dieser Qualitätsstufen, manchmal auch nur für eine Rebsorte eines Gebietes. Beispiel: Vernaccia di San Gimignano DOCG, aber Rosso di San Gimignano VdT. Alle Weine werden somit je nach Rebsorte und Region einer Qualitätsstufe zugeordnet und erhalten jeweils eigene Bestimmungen bezüglich des Alkoholgehaltes, der Erntemenge und eventuell der Rebsortenmischung. Ist aber jetzt die höchste Stufe DOCG auch gleichzeitig Garant für höchste Qualität? Nehmen wir das Beispiel Chianti. Jeder, aber auch wirklich jeder Chianti führt dieses Zeichen. Man hat dieser Region den DOCG-Status zugewiesen, obwohl immer noch zahlreiche Massenweine mit diesem Etikett vermarktet werden. Sie sehen, dies macht die Auswahl für Sie, den Endverbraucher, nicht gerade einfacher.

3. Das Weingut bzw. der Winzer verewigt seinen Namen meist im Kleingedruckten. Dabei sind die Erzeuger am ehesten Garant für Qualität. Sie haben einen Namen zu gewinnen oder zu verlieren. Natürlich wird Ihnen der Name häufig nichts sagen. Doch kann man sich beim Einkauf nach Empfehlung der Fachpresse richten oder - und das ist immer noch der beste Weg - nach dem eigenen Geschmack. Jeder gute Weinhändler lässt Sie probieren, bei den meisten Versandhändlern können Sie preiswerte Probepakete bestellen. Nutzen Sie solche Gelegenheiten. Nur durch eine Weinprobe finden Sie garantiert Ihre Lieblingsweine!

Betrachten wir noch einmal die Regionen im Einzelnen und picken uns bekannte Weinnamen heraus, um zu schauen, was sich hinter den Etiketten so verbirgt.

Es gibt mindestens zwei Landschaften in Europa die allgemein als so bezaubernd gelten, dass man sie als Synonym sieht für Schönheit der Natur. Das ist zum einen die Schweiz, die schon seit langer Zeit andere Regionen, vor allem in Deutschland, mit ihrem Namen adelt: z. B. Fränkische Schweiz. Zum anderen ist es die Toskana. Wo immer eine ähnlich schöne hügelige Landschaft den Betrachter erfreut, wird sie gerne mit der Toskana verglichen: z. B. Steirische Toskana. Gemeint ist allerdings nur ein Teil der recht großen Region Toskana, nämlich der Bereich zwischen Florenz und Siena, der gleichzeitig Heimat ist für einen der bekanntesten Weine der Welt: den Chianti!

Tatsächlich ist es eine Leichtigkeit, sich in die sanften Hügel, die im vollen Saft stehenden Weinberge und die typischen rotbraunen Häuser zu verlieben. Dort wächst der Sangiovese, eine Rebsorte, aus der in Italien nicht nur der Chianti produziert wird. Langsam, aber sicher kann der Chianti sein beschädigtes Image aus den 1970er-Jahren wieder ablegen. Inzwischen finden wir längst nicht mehr die typischen runden Flaschen mit Bastgeflecht in den deutschen Regalen. Auch die Chianti-Produzenten haben erkannt, dass Sie über ein Qualitätspotenzial verfügen, das es auszuschöpfen gilt. Der moderne Chianti zeigt sich in schlanken edlen Flaschen mit Designeretiketten und schmeckt, wenn er von guten Produzenten stammt, ganz hervorragend. Vollmundig, Sauerkirscharoma, typische Säure, und mittelkräftige Tannine zeichnen diese Weine aus, die oftmals einen wunderschönen Reifecharakter ihr eigen nennen dürfen. Der Weinliebhaber kann aus einer Vielzahl von Chiantis aus dem Kerngebiet, dem Chianti classico, und von umliegenden Hügeln wählen. Er findet den einfachen DOC und gereifte Riservas, die aus besonders gutem Traubengut gekeltert wurden und mehrere Monate in Holzfässern gereift sind.

Die Toskana beheimatet aber noch weitere berühmte Weine. An erster Stelle ist da der Brunello di Montalcino zu nennen, der nicht nur wegen seiner hohen Preise zur Legende geworden ist. Die Rebsorte Brunello ist eine Mutation des Sangiovese. Der Wein besticht durch Eleganz und Vielschichtigkeit sowie durch einen langen nachhaltigen Geschmack. Sein jüngerer Bruder der Rosso di Montalcino ist etwas früher trinkreif und ebenfalls recht opulent.

Ähnlich verhält es sich beim Vino Nobile di Montepulciano. Auch er steht für Kraft und Eleganz und schlägt damit die meisten Chiantis noch einmal um Längen.

Im Weißweinbereich finden wir rund um das mittelalterliche Städtchen San Gimignano den Vernaccia di San Gimignano. Seine Qualität gilt als unumstritten. Er war der erste Weißwein Italiens, dem die höchste Qualitätsstufe das DOCG zugesprochen wurde. Seine Aromen von exotischen Früchten werden durch eine kräftige Alkoholstruktur fein untermauert. Der Vernaccia hat genügend Kraft, um nicht nur leichte Fischgerichte begleiten zu können, sondern auch herzhafte Soßen und würzige Pastagerichte.

Eine weitere bekannte Region auf der italienischen Weinbaukarte ist das Piemont; bekannt nicht zuletzt wegen der dort wachsenden Trüffel. Im Weinbereich sind es Namen wie Barolo oder Barbaresco, die in keinem gut sortierten Weinkeller fehlen dürfen. Beide Weine werden aus der Rebsorte Nebbiolo produziert, die ihren

Namen aufgrund des dort häufig vorkommenden Nebels (nebbia) erhalten hat. Der Frühnebel bringt dem Weinberg Feuchtigkeit und schützt ihn vor zu starker Sonneneinstrahlung. In diesem Sauna-Klima fühlt sich der Nebbiolo besonders wohl. Er entwickelt dabei eine kräftige Tanninstruktur gepaart mit rauchigen und ledrigen Noten. Bei zunehmendem Alter wirkt ein Barolo elegant, vollmundig, mit beerigen Nuancen.

Neben dem Nebbiolo sind vor allem die Rebsorten Barbera und Dolcetto zu nennen. Beide führten lange ein etwas vernachlässigtes Dasein von Massenweinen, bis sie in den 1980er-Jahren entdeckt wurden. Besonders der Barbera hat ein erstaunliches Qualitätspotenzial. In Eichenfässern gereift entwickelt er wunderschöne kräftige Töne. Sauerkirsche ist beim Barbera ein wiederkehrendes Aroma, das aber etwas runder als beim Sangiovese wirkt. Bei Asti gedeihen wohl die besten dieser Weine. Der Dolcetto wirkt daneben etwas schlanker, manchmal mit überbetonter Fruchtigkeit und steht immer im Schatten des großen Barberas.

Auch das Piemont hat einen großen Weißwein zu bieten: den Gavi. Sein Geschmack ist geprägt von einer Balance aus Früchten (Birne, Kiwi) und einem leichten Kräuteraroma. Den Gavi gibt es in verschiedensten Spielarten, besonders beliebt ist allerdings der Gavi di Gavi. Ihm werden die vielschichtigsten Aromen nachgesagt.

Wenn man Weinliebhaber fragt, wo denn der meiste Qualitätswein in Italien angebaut wird, dann werden häufig gerade die Toskana und das Piemont genannt. Doch betrachtet man die reinen Zahlen und Fakten, so heißt die Antwort: der Veneto.

Im Nordosten der Republik begünstigt ein gut ausgewogenes Klima den Weinbau. Internationale Sorten wie der Chardonnay, der Grauburgunder (Pinot grigio), der Sauvignon blanc, der Merlot oder der Cabernet Sauvignon haben in der Regel die früheren heimischen Sorten verdrängt. Das Zusammenspiel aus Wärme, Regen und kühlen Nächten lässt es zu, dass die meisten der dort angebauten Weine ohne Probleme nach italienischem Weingesetz als Qualitätsweine anerkannt wurden. Hier und im Friaul werden Weine gekeltert, für die es Liebhaber in der ganzen Welt gibt. Man findet preiswerte, unkomplizierte Weine mit einer Rebsortenidentität, wie sie viele Kunden zu schätzen wissen.

Neben den internationalen Sorten haben sich allerdings auch einige ursprüngliche behaupten können. Beim Weißwein ist es der Soave, ein klarer frischer Sommerwein, der gekühlt viel Freude bereitet und beim Rotwein der Valpolicella. Ihn gibt es als leichten, fruchtigen Wein, oder man wählt den Amarone di Valpolicella und greift damit zu einem extrem schweren, alkoholischen Tropfen.

Marco Polos Geschichten, oder: Wie die Makkaroni nach Italien kam

Als Marco Polo, Spross einer wohlhabenden venezianischen Kaufmannsfamilie, 1295 von einer 24-jährigen Reise in die bislang von keinem europäischen Auge erforschten Weiten des fernen Ostens zurückkehrte, hatte er viel zu erzählen. Und Zeit hatte er auch. Die ersten zwei Jahre nach seiner Rückkehr verbrachte der Fernhandelsreisende in genuesischer Haft. Hier diktierte er seine Reiseerlebnisse in die Feder eines Mitgefangenen, Rusticello von Pisa, dem Verfasser zahlreicher Ritterromane. Fantastisch und exotisch zugleich wurde der Bericht Marco Polos zu einem frühen Bestseller der Reiseliteratur. Auf kulinarischem Gebiet waren einige interessante Entdeckungen zu vermelden: An der Westküste Sumatras war ihm ein Nudelgericht serviert worden, das aus dem Mehl einer Baumfrucht hergestellt worden war, wahrscheinlich vom Sago- oder Brotbaum. In Peking begegnete dem Reisenden eine Vielzahl von Nudelformen, nur diesmal aus Weizenmehl.

Seit jener Zeit gilt Marco Polo als Entdecker in Sachen Nudel; er habe das spätere Nationalgericht nach Italien gebracht, so liest man es bis auf den heutigen Tag immer wieder. Verwunderlich ist es allerdings, dass Marco Polo angesichts fernöstlicher Nudelköstlichkeiten zu Begriffen wie Lagana oder Vermicelli greift, wenn er das vermeintlich Unbekannte beschreibt. Was aber bedeuteten diese Begriffe im Italien des 13. Jahrhunderts?

Lagana, Ursprung der heutigen Lasagne, bezeichnete in mittelalterlichem Latein etwa Pfannkuchen oder einen dünn ausgerollten Teig. Das ältere lateinische Wort laganum stand, wie das altgriechische lasanon, für einen gebackenen Fladen aus Mehl und Öl, ähnlich der heutigen Focaccia. Nur gekocht – ein untrügliches Zeichen der späteren Pasta – wurden diese antiken Gerichte noch nicht. Sizilianische Texte aus der Mitte des 14. Jahrhunderts beschreiben laganum als Teigkugel, die in heißem Öl gebacken wird. Lagana hingegen wird als „Brot, gekocht in Wasser" bezeichnet, andere Begriffe für dieses „gekochte Brot" sind lasagni und maccharruni. Obwohl sich aus den Quellen nicht erkennen lässt, ob es sich hier schon um die typischen Hartweizennudeln handelt, die durch Trocknung für lange Zeit haltbar gemacht werden konnten, oder vielleicht um Mehlklößchen, ähnlich den heutigen Gnocchi, ist doch soviel sicher: Marco Polo kannte Makkaroni, Lasagne und Vermicelli schon aus seiner italienischen Heimat und konnte so die wesentlich ältere Nudeltradition Chinas mit angemessenen Begriffen beschreiben.

Wenn nicht aus China, woher kam die Nudel dann nach Italien? Die ältesten italienischen Beschreibungen von Makkaroni und Lasagne verdanken wir der südlichsten Region des Herrschaftsbereichs: der Insel Sizilien. Hier regierten im Hochmittelalter die Normannen, die Bevölkerung Siziliens und der süditalienischen Regionen Apulien und Kalabrien stand in regem Austausch mit der arabisch-muslimischen Kultur Nordafrikas. Al-Idrisi, ein arabischer Geograf am normannischen Hof des Königs von Sizilien, war es dann auch, der erstmals – und das bereits im Jahr 1154, also 150 Jahre vor Marco Polos Rückkehr aus China – von tria berichtete. Tria bedeutete so viel wie Spaghetti und geht zurück auf den arabischen Begriff itriya. Diese sizilianischen Spaghetti mit Namen tria waren ein echter Exportschlager, wie man aus Handelsbüchern der Zeit weiß. Ins nahe Kalabrien, aber auch in die ferne norditalienische Hafenstadt Genua gingen Schiffsladungen voll

Pasta, die notwendigerweise getrocknet gewesen sein muss, sonst hätte sie die lange Reise kaum überstanden. Der Weg in die Kochtöpfe und Herzen der Norditaliener ist gefunden, und die Quellen sprudeln: 1244 berichtet ein Wollweber aus Genua von „Pasta in Fäden", das Testament eines Genueser Soldaten namens Ponzio Bastono aus dem Jahr 1279 vermacht unter anderem eine „Kiste voll Makkaroni", 1284 sucht ein Bäckermeister in Pisa nach einem Gehilfen, der „bei der Herstellung und beim Verkauf von Vermicelli" helfen soll.

Auch die Dichter der Renaissance wurden schnell zu glühenden Liebhabern der neuen Speise. Einer der berühmtesten, Giovanni Boccaccio (1313-1375), zollt der Nudel seine Hochachtung in der zauberhaften 3. Erzählung vom 8. Tag seiner Novellensammlung Decamerone:

„In Berlinzone, im Land der Basken, einer Gegend mit Namen Bengodi ... da gibt es einen Berg aus geriebenem Parmesan. Auf diesem Berg leben Menschen, die nichts anderes zu tun haben, als Makkaroni und Ravioli in Hühnerbrühe zu kochen. Und dann werfen sie die Nudeln ins Tal hinunter und je mehr man erwischt, desto mehr hat man. In der Nähe fließt ein Flüsschen aus Weißwein, einen besseren gibt es nicht, denn es ist kein Tropfen Wasser darin."

Die Lasagne wurde zu jener Zeit wohl schon wie heute in Lagen mit verschiedenen Füllungen zubereitet, auch wenn die Umstände der ersten Erwähnung des Schichtnudelauflaufs etwas makaber sind. Marchione di Coppo Stefani beschreibt die Folgen der Pest von 1348 in Florenz mit den Worten: „Die Leichen der Opfer lagen in Gruben geschichtet wie Lasagne."

Wohlschmeckendere erste Pastarezepte überliefert ein toskanisches Kochbuch aus dem 14. Jahrhundert. Die Vermicelli wurden hier gekocht und mit einem Sugo aus Mandelmilch, Zucker und Safran übergossen. Wem das arabisch vorkommt, hat recht: Es gibt viele Hinweise, dass die Nudel über die arabische Kultur Nordafrikas, mit Umweg über Sizilien, nach Italien kam. Kitab al-tabikh fi al-Maghrib wa'l-Andalus – ein muslimisches Kochbuch aus dem Spanien des 13. Jahrhunderts nennt erstmals ausführliche Unterscheidungen in der Herstellung: Man kann den Teig „rund wie Koriandersamen" rollen, oder „dünn wie Papier" oder „lang wie Weizenhalme". Aus der zweiten Art hat sich sicherlich die Lasagne entwickelt, die dritte Variante stand Pate für die Vermicelli. Der arabische Name dieser frühen Spaghettiform war fidawsh, davon abgeleitet nennt man in Spanien und manchen Teilen Norditaliens die Vermicelli heute noch fideos. Schade nur, dass die heutige Küche Nordafrikas Nudelgerichte nur noch als seltene Spezialitäten kennt. Im Arabischen bezeichnet heute das italienische Lehnwort macaroni die betreffenden Nudelarten. Als ferne Verwandte von Makkaroni & Co. hat im arabischen Raum eine andere – und kleinstmögliche Zubereitungsart von Hartweizen Karriere gemacht: Couscous, hergestellt aus gemahlenem Hartweizengrieß.

Polenta, Gnocchi & Espresso –
Die Entdeckung
der neuen kulinarischen Welten

Wenn das Nationalgericht Pasta noch ein Kind des Mittelalters ist, so sind bis auf die Pizza fast alle anderen Spezialitäten der italienischen Küche eine Errungenschaft der Neuzeit. Egal ob Risotto, Polenta, Gnocchi oder Espresso, so richtig in Fahrt kam die Küche Italiens erst in Zeiten der großen Umwälzungen des 16. Jahrhunderts, wobei die Neue Welt, Amerika – auch sie verdankt ihren Namen einem Italiener, dem Florentiner Amerigo Vespucci, dessen Bericht über eine Reise zum neuen Kontinent den deutschen Kartografen Martin Waltzemüller 1507 zur Vergabe dieses Namens inspirierte – hier noch nicht einmal die erste Rolle spielte.

Als erstes kam der Reis im Gepäck der Soldaten Karls V. von Spanien nach Norditalien, wo der Reisanbau in der Poebene bis heute floriert. Er hatte bis dahin eine weite Reise durch die Jahrtausende und von Ost nach West hinter sich. Noch in der Jungsteinzeit um 4500 v. Chr. wurde im chinesischen Jangtse-Becken bereits Reis angebaut, über die Stationen Indien und Persien erreichte er Ägypten, von dort brachten die arabischen Mauren den Reis im Mittelalter nach Spanien. In der norditalienischen Küche spielt Reis die dominante Rolle, die in Süditalien der Pasta zufällt.

Als weitere Neuzugänge aus dem arabisch-islamischen Bereich kamen im 16. Jahrhundert Kandiszucker und etwas später Kaffee aus Südarabien, Äthiopien und dem Jemen in die Tassen der reichen italienischen Handelsleute und Adeligen, wenn auch zunächst nur als Medizin. Zum Süßen wurde noch lange auf Honig zurückgegriffen, und dem Kaffee sagte man in diesen frühen Zeiten noch eine Reihe schädlichster Nebenwirkungen nach, was immer wieder zu Verboten führte. Bis zum Ende des 18. Jahrhunderts allerdings waren zumindest die vermögenden Italiener vom kleinen schwarzen Genuss zwischendurch nicht mehr abzubringen.

Als nächste Leibspeise kam die Polenta nach Norditalien. Die Entdecker und Eroberer Amerikas brachten die Maispflanze aus den mittelamerikanischen Gefilden nach Norditalien, wo sie ebenfalls in der Poebene ideale Anbauvoraussetzungen fand. Es brauchte zwar gut hundert Jahre, bis die neue Pflanze sich durchgesetzt hatte, aber bereits die großen Hungersnöte des 17. Jahrhunderts konnte die Maisgrießspeise Polenta gerade bei den ärmeren Bevölkerungsschichten lindern helfen. In Kombination mit einem weiteren Zugang aus der Neuen Welt, der Tomate, gewinnt die italienische Küche langsam ihr heutiges Profil.

Was wäre ein Ossobuco, eine Pizza oder ein Sugo Bolognese ohne die ‚Liebesäpfel' aus den Gärten der Inkas. Allerdings brauchte auch die Tomate lange, bis sie allgemein akzeptiert war. Bis weit ins 19. Jahrhundert hinein galt sie als giftiger Augenschmaus, erst seit 1850 gelangte sie aus den Zier- in die Nutzgärten der Italiener.

Weniger Erfolg hatte die Kartoffel, deren deutscher Begriff immerhin auf das italienische tartuffolo (kleiner Trüffel) zurückgeht. So versuchte man zu Zeiten des dreißigjährigen Krieges, den Italienern wie Deutschen gleichermaßen die neue stärkehaltige Nutzpflanze schmackhaft zu machen. In Deutschland waren diese Bemühungen von größerem Erfolg gekrönt als in Italien.
Immerhin hat man auch südlich der Alpen eine eigene Form des Kartoffelkloßes gefunden, die Gnocchi.

Schweiz

Frankreich

A L P E

Monza

Mailand (Milano)

Bergamo

Brescia

Turin (Torino)

Piacenza

Po

Parm

Genua (Genova)

Reggio nell´E.

Mod

Pisa

Livorno

Ligurisches Meer

Korsika

Sardinien

Mittelmeer

Österreich

Ung

Slowenien

Kroatien

Bosnien und
Herzegowina

Jugoslawien

Montenegro

Venedig (Venezia)

ogna

Rimini

z (Firenze)

Ancona

Tiber

Pescara

Adriatisches Meer

Rom (Roma)

Italien

Foggia

Neapel (Napoli)

Bari

Tarent

nenisches Meer

Cosenza

Catanzaro

Reggio

Ionisches Meer

Palermo

Sizilien

Antipasti

Antipasti

„Mit Ausnahme von Wein gibt es keine Pflanze, die von so großer Bedeutung ist wie die Olive".

Plinius d. Ä. (23–79 n.Chr.)

In Italien besteht ein richtiges Essen aus mehreren Gängen. Man beginnt mit einer Vorspeise (Antipasto), gefolgt von Pasta, Hauptgericht, Beilagen, einem Salat und Obst oder Nachspeisen mit Espresso.
Fast jedes Restaurant in Italien bietet einen gemischten Vorspeisenteller – antipasto misto – mit regionalen Spezialitäten und besonderen Leckereien. Der Kreativität sind hierbei keine Grenzen gesetzt.
Die italienischen Vorspeisen können der Beginn eines Mahles, aber auch ein abwechslungsreiches Buffet bilden.

Italienische Kräuterbrötchen

ERGIBT CA. 25 BRÖTCHEN

500 g Weizenmehl
30 g Hefe
¼ l lauwarme Milch
1 Bund krause Petersilie
1 Bund Basilikum
1 Bund Schnittlauch
2 Tl Salz
1 Tl Zucker
2 Tl Kümmel
Butter oder Öl zum Einfetten
1–2 Eigelb

Zunächst wird aus etwa 350 g Mehl, der Hefe und etwas Milch ein Vorteig geknetet. Dazu häuft man das Mehl auf einer Arbeitsfläche auf, bildet in der Mitte eine Mulde, gibt Milch dazu und bröselt die Hefe hinein. Dann wird das Mehl von außen nach innen mit der Milch und der Hefe verknetet. Der Vorteig muss abgedeckt an einem warmen Ort ca. 20 Minuten gehen. In der Zwischenzeit werden die Kräuter klein gehackt. Anschließend knetet man das restliche Mehl, die Milch, Salz und Zucker unter den Teig und lässt ihn nochmals abgedeckt 30 bis 40 Minuten gehen. Danach werden die Kräuter und der Kümmel untergeknetet und aus dem Teig ca. 25 Brötchen geformt. Diese legt man auf ein eingefettetes Blech und lässt sie nochmals an einem warmen Ort 30 bis 40 Min. abgedeckt stehen. Den Ofen auf 180 °C vorheizen. Jetzt werden die Brötchen mit dem Eigelb bestrichen und etwa 12 Minuten gebacken. Die Backzeit ist abhängig von der Größe der Brötchen.

Soffritto

verschiedenes Gemüse nach Wahl
z.B. eine kleine Zucchini, eine kleine Aubergine, eine
Möhre, ein Stück Sellerie, 3 Stangen Spargel
1 Tomate
1 El Butter
2 El Öl
2 El gehackte Petersilie
Salz
Pfeffer

Das Gemüse jeweils putzen und nach Bedarf schälen sowie in sehr kleine Würfel schneiden. Die Tomate häuten und ebenfalls würfeln. Butter und Öl in einer Pfanne bei niedriger Temperatur erhitzen und das Gemüse darin ca. 5 Minuten dünsten. Kurz vor Schluss die Tomate dazugeben und etwas mitköcheln lassen. Die Sauce mit frisch gehackter Petersilie, Salz und Pfeffer würzen.

Carpaccio vom Rind

150 g Rinderfilet, gleichmäßig dick
3 El Olivenöl
40 g Bergkäse
Salz
Pfeffer
Schnittlauch, in Röllchen geschnitten

Das Fleisch sollte vor der Verarbeitung angefroren sein, um es besser schneiden zu können. Das Rindfleisch wird dann hauchdünn aufgeschnitten. Mit Öl vier Teller einpinseln und pro Person ca. 7 Scheiben kreisförmig anrichten. Dann mit dem dünn gehobelten Käse belegen und noch etwas Öl darüber träufeln. Mit Salz, Pfeffer und Schnittlauch würzen bzw. dekorieren. Als weitere Dekoration empfiehlt sich ein kleines Salatbukett.

Feigen mit Mailänder Salami

FÜR 4 PERSONEN

4 frische Feigen
100 g Mailänder Salami oder eine andere der vielen
herzhaften Feinkostsalamis aus Italien
Salz

Salami dünn aufschneiden. Feigen ebenfalls dünn schneiden. Auf vier Tellern kreisförmig abwechselnd die Feigen- und die Salamischeiben anrichten. Mit etwas Salz bestreuen. Leicht gemacht, aber eine geniale Komposition!

Gefüllte Tomaten mit Oliven und Kapern

FÜR 4 PERSONEN

4 große Tomaten
1 kleine Zwiebel
2 Knoblauchzehen
1 Bund Petersilie
2 El schwarze Oliven, entkernt
1 El Kapern
4 El Semmelbrösel
40 g geriebener Parmesan
2 El Olivenöl zum Anbraten
Salz
Pfeffer
3 El Olivenöl zum Einfetten und Beträufeln

Von den Tomaten im Stielansatz eine Scheibe abschneiden und mit einem Teelöffel die Kerne und das innere Fruchtfleisch entfernen. Aus der abgeschnittenen Scheibe den Stielansatz entfernen und sie dann in kleine Würfel schneiden. Zwiebel und Knoblauchzehen pellen und fein würfeln. Petersilie fein hacken.

Olivenöl in einer Pfanne erhitzen und Zwiebeln und Knoblauch darin kurz dünsten. Dann das Fruchtfleisch der Tomaten zugeben und köcheln. Oliven fein hacken. Die vorbereitete Masse mit den Oliven, den Kapern, den Semmelbröseln, etwa der Hälfte des Parmesans und der Petersilie verrühren. Mit Salz und Pfeffer abschmecken.

Dann eine ofenfeste Form mit Olivenöl bestreichen und die mit der Masse gefüllten Tomaten hinein setzen. Das restliche Olivenöl über die Tomaten träufeln und bei 200 °C ca. 20 Minuten backen. Dann den restlichen Parmesan auf der Oberfläche verteilen und weitere 10 Minuten backen.

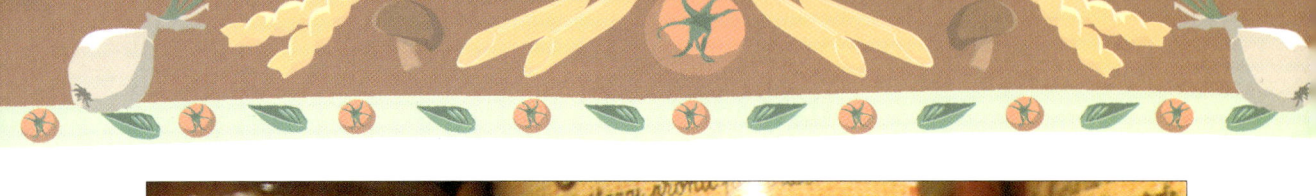

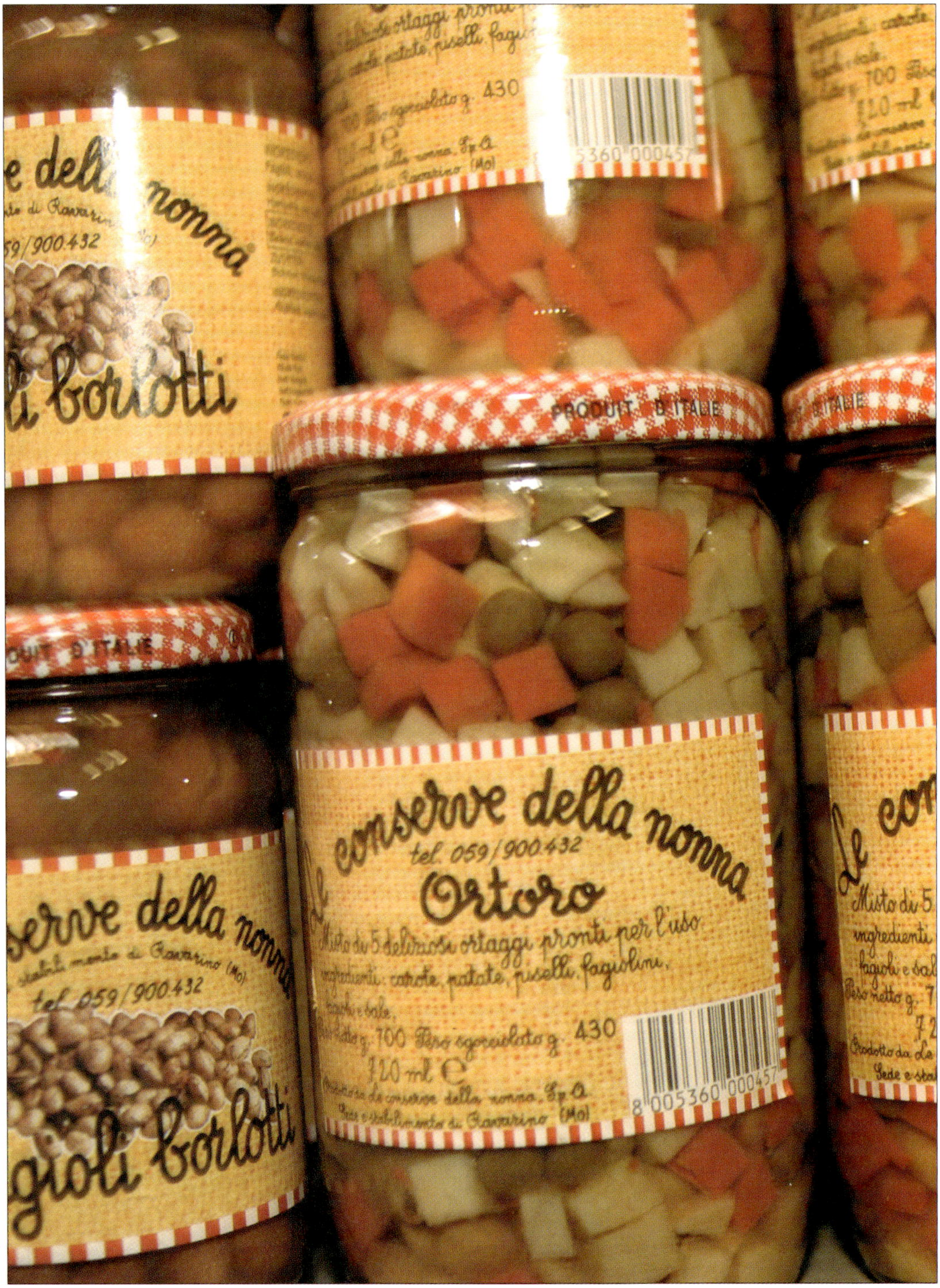
PRODUIT D'ITALIE
Le conserve della nonna
tel. 059/900.432
Ortoro
8 005360 000457
fagioli borlotti

Ligurischer Tintenfischsalat

FÜR 4 PERSONEN

---

750 g kleine Kartoffeln, wenn möglich neue
Salz
400 g Tintenfischtuben, gereinigt
3 El Olivenöl
Pfeffer
2 El Kapern
2 El Pesto
1 El Zitronensaft
1 Bund Basilikum, gehackt

Kartoffeln schälen, waschen und in Salzwasser etwa 15 Minuten kochen. Dann Wasser abgießen und auskühlen lassen.

Tintenfischtuben in Ringe schneiden und diese etwa 5 Minuten in 2 El Öl dünsten. Danach mit Salz und Pfeffer würzen.

Für die Soße werden die Kapern mit einer Gabel zerdrückt und mit Pesto, 1 El Olivenöl und Zitronensaft vermischt. Die Soße mit den Tintenfischringen vermengen und unter die Kartoffeln heben. Mit frisch gehacktem Basilikum bestreuen.

Zwiebelkuchen aus Assisi

FÜR 4 PERSONEN

---

300 g Mehl
½ Tl Salz für den Teig
10 g Hefe
½ Tl Zucker
⅛ l Wasser
3 El Olivenöl
3 große Zwiebeln
10 Salbeiblätter
Salz
Pfeffer

Das Mehl in eine Schüssel sieben und mit dem Salz mischen. Hefe und Zucker flüssig rühren. Mit dem Wasser zum Mehl geben. Alles zu einem glatten, geschmeidigen Teig kneten. Die Schüssel zugedeckt an einem warmen Ort etwa eine Stunde ruhen lassen.

Den Backofen auf 200 °C vorheizen. Ein Backblech mit wenig Olivenöl einpinseln. Den Teig darauf flach drücken und danach ovalförmig auseinander ziehen und leicht andrücken.

Die Zwiebeln schälen und in feine Scheiben schneiden. Zwiebeln und Salbeiblätter mit Salz und Pfeffer würzen und auf dem Teig verteilen. Das Ganze mit dem restlichen Olivenöl beträufeln. Den Zwiebelkuchen auf der mittleren Schiene des vorgeheizten Ofens ca. 30 Minuten backen.

Zwiebelkuchen schmeckt heiß oder lauwarm.

Umbrischer Bohnensalat

Bohnen über Nacht in Wasser einweichen. Im Einweichwasser mit geviertelten Knoblauchzehen, Salbei, Bohnenkraut und Salz mindestens 1 Stunde kochen.

Tomaten überbrühen, pellen und in Würfel schneiden. Zwiebeln würfeln.

Öl und Essig mit Salz, Petersilie und Pfeffer in einer Schüssel verrühren und abschmecken. Dann die Bohnen, Tomaten und Zwiebeln unterheben. Der Salat schmeckt am nächsten Tag noch besser!

Gurkensalat mit Fenchel

FÜR 4 PERSONEN

2 Salatgurken
4 mittelgroße Fenchelknollen
Salz zum Kochen

Für die Soße:
$^1/_8$ l Olivenöl
1 zerdrückte Knoblauchzehe
Salz zum Würzen
Pfeffer
1 Tl Zucker
5 cl Sambuca

Gurken in kleine Würfel schneiden. Fenchel von Stielen und Strunk befreien und etwa 5 Minuten in Salzwasser blanchieren. Den Fenchel auskühlen lassen und dann ebenfalls würfeln.

Für die Soße werden die übrigen Zutaten verrührt. Vor dem Servieren die Würfel unter die Soße heben und mit Sambuca übergießen.

Suppen

Suppen

Wie überall auf der Welt werden Suppen in Italien als Vorspeise gegessen und dienen zum Sättigen, Wärmen und Stärken.

In Italien werden Suppen oft aus getrockneten Zutaten zubereitet. Dicke Bohnen, Weizenkörner und Erbsen sind das ganze Jahr erhältlich und sind einfach anzurichten.

Berühmt ist natürlich die echte italienische „Minestrone", eine besonders schmackhafte Gemüsesuppe. Für diese Spezialität bedient man sich des üppigen Angebotes der Natur, welches natürlich regional unterschiedlich ist.

Italienische Hühnersuppe

FÜR 2 PERSONEN

2 Eier

1 l Hühnerbrühe (kann leicht mit einem
Suppenhuhn selber hergestellt werden)

2 El Hartweizengrieß

2 El geriebener Parmesan

2 El gehackte Petersilie

Salz

$^1\!/_2$ Tl Muskat

Pfeffer

Eier mit $^1\!/_8$ l Hühnerbrühe in einer Schüssel verquirlen. Grieß und Parmesan nach und nach unter Rühren zugeben. Petersilie, Salz und Muskat unterrühren.

Restliche Hühnerbrühe aufkochen und die Eimischung unter ständigem Rühren in die Brühe gießen, so dass feine Fäden entstehen. 5 Minuten köcheln und dabei weiter rühren. Mit Salz und Pfeffer abschmecken.

Kastaniensuppe

FÜR 2 PERSONEN

250 g gekochte Kastanien

1 Zwiebel

1 El Butter

$^1\!/_2$ l Gemüsebrühe (nicht zu salzig)

$^1\!/_2$ l trockener Weißwein

Salz

Pfeffer

Estragon

1 Tl gemahlener Zimt

1 Tl Zucker

$^1\!/_4$ l Sahne

evtl. Crème fraîche zum Garnieren

Die vorgekochten Kastanien in einem Mixer pürieren. Dann die Masse durch ein Haarsieb streichen. Die Zwiebel in kleine Würfel schneiden und diese mit der Butter in einem Topf glasig dünsten. Mit Brühe ablöschen, Wein und anschließend das Püree dazugeben. Auf kleiner Flamme köcheln und mit den Gewürzen und Zucker abschmecken. Zum Schluss mit der Sahne aufgießen und nur noch einmal kurz aufkochen. Mit einem Klacks Crème fraîche wird der Genuss abgerundet.

Minestrone aus dem Tessin

FÜR 2 PERSONEN

150 g grüne Bohnen
150 g Weißkohl oder Wirsing
150 g Möhren
150 g Kürbis
100 g Tomaten
100 g Lauch
75 g Sellerie
1 Zwiebel
30 g fetter Speck
3 El Olivenöl
1 l Fleischbrühe
50 g Reis
$^{1}/_{2}$ Tl Oregano
$^{1}/_{4}$ Tl Salbei
$^{1}/_{2}$ Tl klein gehackte Petersilie
Salz
Pfeffer

Zunächst das ganze Gemüse und die Zwiebel putzen und in 0,5 cm große Stücke schneiden. Die Tomaten sollten vorher in kochendes Wasser getaucht und dann gepellt werden. Den Speck schneiden. Das Olivenöl mit dem Speck in einen großen Topf geben und ausbraten. Zwiebeln zugeben und andünsten, dann sofort das Gemüse in den Topf geben und unter ständigem Rühren leicht dünsten. Nach ca. 5 Minuten mit Fleischbrühe aufgießen und 10 Minuten köcheln. Den Reis unterrühren und weitere 20 Minuten mitkochen. Während der letzten 5 Minuten Kochzeit die Gewürze unterrühren und die Suppe abschmecken.

Fleischbrühe nach Art von Pavia

FÜR 4 PERSONEN

³/₄ l Rindfleisch- oder Hühnerbrühe
4 El Butter
4 Scheiben Toast oder Weißbrot
6 El geriebener Parmesan
4 Eier

Die Fleischbrühe erhitzen. Die Butter in der Zwischenzeit schmelzen und aufschäumen lassen. Die Toastscheiben in die Butter geben und auf beiden Seiten solange rösten, bis sie leicht gebräunt sind.

Dann die gerösteten Tostscheiben herausheben, in die gewärmten Suppenteller legen und dick mit Parmesan besteuen.

Jeweils ein rohes Ei auf die mit Käse bestreute Brotscheibe geben.
Jetzt wird die heiße Fleischbrühe langsam darüber gegossen.
Je nach Geschmack kann zusätzlich noch Parmesan serviert werden.

Umbrische Brotsuppe

FÜR 4 PERSONEN

1 Zwiebel
1 Stange Staudensellerie
3 El Olivenöl
0,1 l Wermut
200 ml Tomatensugo
250 g Kartoffeln
250 g weiße Bohnen
150 ml Gemüsebrühe
150 g trockenes Brot
150 g geriebener Pecorino
Salz
Pfeffer

Zwiebel und Sellerie schälen und in kleine Streifen schneiden.

Beides mit Olivenöl andünsten. Mit Wermut ablöschen und Sugo, gewürfelte Kartoffeln, Bohnen und Gemüsebrühe zugeben. Bei schwacher Hitze ca. 15 Minuten (Bohnen und Kartoffeln müssen gar sein) köcheln. Falls zuviel Flüssigkeit verdampft, etwas Wasser zugießen, damit die Masse nicht anbrennt.

Teller mit sehr dünnen Brotscheiben auslegen, mit Pecorino bestreuen und mit einer weiteren Schicht sehr dünner Brotscheiben belegen. Suppe mit Salz und Pfeffer abschmecken und auf die Teller geben. Vor dem Servieren zwei bis drei Minuten durchziehen lassen.

Endiviensuppe mit Croûtons

FÜR 4 PERSONEN

500 g Endivien
1 l Hühnerbrühe
250 g Ciabatta (italienisches Landbrot)
2 El Sonnenblumenöl
Salz
Pfeffer
1 Tl Kümmel

Die Endivien waschen und in 5 cm lange, feine Streifen schneiden.

In einem Topf die Hühnerbrühe erhitzen. Die Endivienstreifen in der Brühe halb zugedeckt etwa 8 Minuten kochen, sie dürfen nicht zu weich werden.

Vom Brot die Rinde abschneiden und das Innere in Würfel schneiden. In einer Pfanne Öl erhitzen und die Brotwürfel darin 5 Minuten rösten. Aus der Pfanne nehmen und auf Küchenpapier abtropfen lassen.

Vor dem Servieren die Suppe mit Salz, Pfeffer und Kümmel abschmecken. Dann die Suppe in Schalen füllen und mit den Croûtons bestreuen.

67

Romina

Sugo
alla Romana

Produzione Artigianale

Romina

S
alla

Produzi

Klassische
man zu Pasta ve
zu Fisch oder
auch auf der
der Bruschetta
Parmesan best
Begierde der
Sollte bei ge
erwärmt werde

Romina

Pesto Piccante

Produzione Artigianale

Klassische römische
man zu Pasta ser
zu Fisch oder Fe
auch auf der Bru
der Bruschetta e
Parmesan bezur
Begierde der llig
Sollte bei geöffne
erwärmt werde

...ana

...ianale

Reis

Reis

Italien ist das Heimatland des Risotto. Aufzeichnungen aus dem 13. Jahrhundert erwähnen zum ersten Mal die Verwendung von Reis in der italienischen Küche. Der Anbau begann aber erst im 15. Jahrhundert. Aus Afrika und dem Nahen Osten gelangte der Reis über Süditalien in die Kochtöpfe Italiens.

In Norditalien wurden Nassreisfelder angelegt. In der Lombardei und im Piemont entwickelten sich die Hauptanbaugebiete für den Risottoreis. Um den Wert dieser besonderen Reissorten zu bewahren, wurde der Export sogar verboten.

In Süditalien wurde der Reis vornehmlich im Backofen zubereitet. Die Norditaliener gaben den Reis in Brühen, die nach und nach immer dickflüssiger wurden – bis die Flüssigkeit vollständig aufgesogen war. Der Reis rückte immer stärker in den Vordergrund. Es entstand der Risotto.

Risotto mit Entenragout und Apfelcurry

1 mittelgroße Ente

Für die Marinade:
50 g Sellerie, kleingeschnitten
50 g Zwiebel, fein gehackt
50 g Karotten, klein geschnitten
2 Äpfel (Granny Smith), geschält und klein gewürfelt
250 ml Rotwein
1 El getrocknete Kräuter

1 El Zwiebel, fein gehackt
1 El Olivenöl
6 El Butter
380 g Carnaroli-Reis
½ Tl Currypulver
1 ½ l Fleischbrühe
2 El geriebener Parmesan
Salz
Pfeffer aus der Mühle

Zunächst die Knochen der Ente auslösen und die Haut vom Fleisch trennen. Das Fleisch in Stücke schneiden und 24 Stunden im Kühlschrank in einer Marinade aus Rotwein, Sellerie, Zwiebeln, Karotten, Äpfeln, und Kräutern aufbewahren. Die Marinade mit Salz und Pfeffer würzen.

Am nächsten Tag das Fleisch herausnehmen, abtropfen lassen, die Marinade durch ein Sieb gießen und auffangen. Das marinierte Gemüse aufbewahren.

2 El Butter in einer Pfanne zerlassen das Entenfleisch anbraten und das Gemüse sowie die Äpfel zugeben und einige Minuten mitdünsten. Anschließend die Marinade zufügen und zugedeckt 30 Minuten köcheln. Danach den Fond durchpassieren und auffangen.

Die Zwiebel zufügen, in Olivenöl und 2 El Butter anschwitzen. Den Reis zufügen und einige Minuten unter ständigem Wenden leicht anbraten. Das Currypulver zugeben und nach und nach die heiße Fleischbrühe zugießen. Bei mittlerer Hitze leicht köcheln. Von Zeit zu Zeit umrühren und, sobald kaum mehr Flüssigkeit im Topf ist, erneut Brühe zubeben.

Nach weiteren 10 Minuten das Entenragout und den Entenfond hinzufügen und weitere 7 Minuten unter ständigem Rühren kochen. Vom Herd nehmen.

Die restliche Butter und den Parmesan untermischen, mit Salz und Pfeffer abschmecken und sofort servieren. Mit Apfelscheiben garnieren.

Risotto mit Kürbis, Bohnen und Amaretti-Keksen

FÜR 4 PERSONEN

150 g Bobbybohnen
5 El Butter
150 g Speisekürbisfleisch, in Würfel geschnitten
1 El Zwiebeln, fein gehackt
80 g Schnittlauch, in Röllchen
380 g Carnaroli-Reis
125 ml trockener Weißwein
1 ½ l Gemüsebrühe
80 g Amaretti-Kekse
4 El geriebener Parmesan
2 Msp. Muskatnuss
Salz
Pfeffer aus der Mühle

Die Bobbybohnen blanchieren und in kleine Stücke schneiden. Die Butter in einer Pfanne zerlassen und die Bobbybohnenstücke zusammen mit den Kürbiswürfeln darin anschwitzen. Beiseite stellen.

Die fein gehackte Zwiebel und den Schnittlauch in 2 El Butter andünsten. Anschließend den Reis hinzufügen und alles unter ständigem Wenden leicht anrösten lassen. Mit Weißwein ablöschen und bei starker Hitze verdampfen lassen. Nach und nach die heiße Gemüsebrühe zugießen und alles bei mittlerer Hitze ca. 17 Minuten leicht köcheln. Von Zeit zu Zeit umrühren und, sobald kaum mehr Flüssigkeit vorhanden, erneut Brühe zugießen. Vom Herd nehmen.

Den Kürbis und die Bohnen als auch die Amaretti-Kekse, die restliche Butter und den geriebenen Parmesan untermischen und mit Muskatnuss würzen. Mit Salz und Pfeffer abschmecken und sofort servieren.

Risotto mit Lamm und Auberginen

FÜR 4 PERSONEN

300 g Auberginen, gewürfelt
250 ml Pflanzenöl
1 El Zwiebeln, fein gehackt
1 Knoblauchzehe, zerdrückt
4 El Butter
2 El kaltgepresstes Olivenöl
300 g Lammfilet, in Stücke geschnitten
380 g Carnaroli-Reis
125 ml Rotwein
1 ¹/₂ l Fleischbrühe
1 Tl Rosmarin
3 El geriebener Parmesan
Salz
Pfeffer aus der Mühle

Die Auberginen in Pflanzenöl frittieren. Anschließend auf Küchenkrepp abtropfen lassen und zur Seite stellen.

Die Zwiebeln und den Knoblauch in der Hälfte der Butter und dem Olivenöl goldgelb dünsten. Das Lammfleisch hinzufügen und einige Minuten anbraten. Reis zugeben und kurz unter ständigem Wenden leicht anrösten.

Mit Rotwein ablöschen und bei starker Hitze verdampfen lassen. Nach und nach die heiße Fleischbrühe zugießen und bei mittlerer Hitze ca. 18 Minuten leicht köcheln. Von Zeit zu Zeit umrühren und, sobald kaum mehr Flüssigkeit im Topf ist, erneut Brühe zufügen. Vom Herd nehmen.

Auberginen, Rosmarin, restliche Butter und den geriebenen Parmesan untermischen. Mit Salz und Pfeffer abschmecken und sofort servieren.

Risotto mit Rucola, Paprika und Sardellen

FÜR 4 PERSONEN

100 g rote Paprika
100 g gelbe Paprika
2 El natives Olivenöl extra
140 g Rucola, kleingeschnitten
80 g Sardellenfilets, ohne Öl
1 El Zwiebel, fein gehackt
2 El Butter
380 g Carnaroli-Reis
60 ml trockener Wermut
1 ½ l Gemüsebrühe
4 El geriebener Parmesan
Pfeffer aus der Mühle

Die Paprikaschoten häuten und in Streifen schneiden. Anschließend einige Minuten in Öl anschwitzen.

Den Rucola und die Sardellen zugeben und alles zur Seite stellen.

Die Hälfte der Butter in einer Pfanne zerlassen und die Zwiebeln darin goldgelb dünsten. Den Reis hinzufügen und einige Minuten unter ständigem Rühren anrösten. Wermut zugießen und bei starker Hitze verdampfen lassen. Nach und nach die heiße Gemüsebrühe zugeben und bei mittlerer Hitze 10 Minuten leicht köcheln. Von Zeit zu Zeit umrühren und, sobald kaum mehr Flüssigkeit im Topf ist, erneut Brühe zugießen.

Paprika, Rucola und Sardellenfilets zufügen und alles weitere 7 Minuten köcheln. Vom Herd nehmen.

Die restliche Butter und den Parmesan untermischen, mit Pfeffer abschmecken und sofort servieren.

Risotto mit Spargel und Garnelen

FÜR 4 PERSONEN

400 g grüner Spargel
3 EL Butter
2 EL Olivenöl
1 EL Zwiebel, fein gehackt
380 g Carnaroli-Reis
125 ml trockener Weißwein
1 ¹/₂ l Fischbrühe
300 g Garnelen
2 EL geriebener Parmesan
Salz
Pfeffer aus der Mühle

Die Spargelstangen nur an der unteren Hälfte schälen und das holzige Ende abschneiden. In kleine Stücke schneiden und die Spitzen aufbewahren. Die Hälfte der Butter und das Olivenöl in einer Pfanne zerlassen und die Zwiebel darin goldgelb dünsten. Anschließend die Spargelstücke zugeben und einige Minuten mitdünsten. Nun den Reis hinzufügen und unter ständigem Wenden kurz mitbraten. Mit Weißwein ablöschen und bei starker Hitze verdampfen lassen. Nach und nach die heiße Fischbrühe zugießen und bei mittlerer Hitze leicht köcheln. Von Zeit zu Zeit umrühren und, sobald kaum mehr Flüssigkeit im Topf ist, erneut Brühe zugießen. Nach 10 Minuten Kochzeit die Garnelen und die Spargelspitzen zufügen und weitere 7 Minuten köcheln. Vom Herd nehmen. Nun die restliche Butter und den geriebenen Parmesan unterrühren. Alles mit Salz und Pfeffer würzen und sofort servieren.

Risotto mit Steinpilzen

FÜR 4 PERSONEN

60 g getrocknete Steinpilze
4 El Butter
1 El Zwiebel, fein gehackt
380 g Vialone-Nano-Reis
125 ml trockener Weißwein
1 ½ l Fleischbrühe
6 El geriebener Parmesan
Salz
Schwarzer Pfeffer aus der Mühle

Zunächst die getrockneten Steinpilze in warmem Wasser einweichen und gut abtropfen lassen.

Die Hälfte der Butter in einer Pfanne zerlassen und die Zwiebel darin goldgelb dünsten.

Anschließend Reis und Pilze hinzufügen und einige Minuten unter ständigem Wenden mitbraten.

Mit Weißwein ablöschen und bei starker Hitze verdampfen lassen. Die Fleischbrühe nach und nach zugießen und bei mittlerer Hitze ca. 17 Minuten leicht köcheln. Den Risotto von Zeit zu Zeit umrühren und, sobald kaum mehr Flüssigkeit im Topf ist, erneut Brühe zugießen. Vom Herd nehmen und die restliche Butter und den geriebenen Parmesan unterrühren. Zum Schluss mit Salz und Pfeffer würzen und sofort servieren.

Pasta und Klößchen

Pasta und Klößchen

„Das Leben ist eine Mischung aus Magie und Pasta." Federico Fellini (1920–1993)

Es dürfte schwer fallen, eine italienische Familie zu finden, die nicht wenigstens einmal am Tag Pasta isst.
Und dies führte zu einer großen Vielfalt an Variationen der Nudelformen und der dazugehörigen Soßen.

Pasta wird als Vorspeise im Rahmen eines italienischen Menüs serviert. Die Pasta wird nicht weich gekocht.
Sie wird al dente – mit Biss – serviert.

In Süditalien findet man häufig auch überbackene Pastagerichte wie Lasagne, Canneloni, Penne alla Norma
und Timballo di Mulinciani e Pasta. Diese Gerichte werden aber auch als Hauptspeise gereicht und schmecken
herzhafter als die offenen Nudelgerichete aus dem Topf.

Sugo Bolognese

FÜR 4 PERSONEN

500 g Tomaten
1 große Zwiebel
2 El Olivenöl
300 g Hackfleisch von Rind und Schwein
Salz
Schwarzer Pfeffer aus der Mühle

Tomaten kurz in heißes Wasser legen und dann pellen. Anschließend in einem Mixer pürieren. Zwiebel klein hacken.

Olivenöl in einer Pfanne erhitzen und die Zwiebel darin glasig dünsten. Hackfleisch zugeben, mit Salz und Pfeffer würzen und unter Rühren anbraten. Tomatenpüree hinzufügen und aufkochen. Die Soße kann nach Belieben mit Knoblauch und/oder Basilikum verfeinert werden.

Kampanisches Feuer

FÜR 4 PERSONEN

1 grüne Paprikaschote
2 Knoblauchzehen
500 g Tomaten
2 kleine Zucchini
1 kleine Chilischote (oder 2, wenn man es sehr scharf mag)
2 El Olivenöl
1 El Kapern
200 ml trockener Weißwein
Salz
Pfeffer
1 Tl Basilikum
1 Tl Oregano

Paprika in Streifen schneiden. Knoblauch pellen und in dünne Scheiben schneiden. Tomaten kurz abbrühen und pellen, dann im Mixer grob pürieren. Zucchini in Scheiben schneiden. Chilischote klein hacken. Öl in einem Topf erhitzen und den Knoblauch darin anbraten. Dann Tomaten, Paprika, Zucchini, Kapern und Wein zugeben und ca. 20 Minuten köcheln. Dabei öfters umrühren. Zum Schluss wird die Soße mit Salz, Pfeffer, Basilikum, Oregano und Chili gewürzt. Auf Pasta mit etwas geriebenem Parmesan servieren.

Italienische Tomatensoße

FÜR 4 PERSONEN

300 g Tomaten
1 Bund Basilikum
1 mittelgroße Zwiebel
1 ½ El Olivenöl
Salz
Pfeffer

Aus den Tomaten die Stielansätze schneiden, die Tomaten kurz in heißes Wasser halten und dann pellen. In einem Mixer pürieren. Das Basilikum waschen, trocknen und in kleine Streifen schneiden. Zwiebel klein hacken und in einem Topf in Olivenöl glasig dünsten. Das Tomatenpüree zugeben und mit Salz, Pfeffer und Basilikum würzen. Kurz aufkochen.

Bandnudeln mit Fleischklößchen

FÜR 4 PERSONEN

300 g Pappardelle
Salz

Für die Tomatensauce:
600 g Fleischtomaten
2 El Olivenöl
80 g fein gehackte Zwiebeln
Salz
frisch gemahlener Pfeffer

Für die Fleischklößchen:
150 g Lammhackfleisch
150 g Schweinehackfleisch
1 geschälte Knoblauchzehe
30 g gehackte Zwiebel
1 El glatte Petersilie, fein gehackt
1 Ei
2 El Semmelbrösel
Salz
frisch gemahlener Pfeffer
edelsüßes Paprikapulver
5 El Olivenöl

Außerdem:
200 g Zucchini
1 El Olivenöl
Salbeiblättchen
gehackte Petersilie zum Bestreuen
40 g geriebener Parmesan

Für die Tomatensauce die Tomaten blanchieren, häuten, vierteln, Stielansatz und Samen entfernen und das Fruchtfleisch klein schneiden. Das Öl in einer entsprechend großen Pfanne erhitzen und die Zwiebelwürfel darin glasig dünsten. Die Tomaten zufügen und kurz mitdünsten. Salzen und pfeffern. Die Sauce vom Herd nehmen und bis zur weiteren Verwendung zur Seite stellen.

Für die Klößchen das Hackfleisch in eine Schüssel geben. Die Knoblauchzehe dazupressen. Die Zwiebelwürfel, die Petersilie, das Ei und die Semmelbrösel zufügen und alles kräftig miteinander verkneten. Mit Salz, Pfeffer und Paprikapulver kräftig würzen. Mit nassen Händen etwa 10 g schwere Bällchen formen. Das Öl in einer Pfanne erhitzen und die Hackfleischbällchen bei mittlerer Hitze rundum braun und knusprig braten.

Inzwischen die Pappardelle in sprudelnd kochendem Salzwasser al dente kochen, ganz kurz kalt abschrecken und abgießen.

Die Zucchini waschen, die Enden abschneiden und der Länge nach in 2 mm dicke Scheiben schneiden. Das Öl in einer entsprechend großen Pfanne erhitzen und die Zucchinischeiben darin kurz braten und herausnehmen. Die Salbeiblättchen im heißen Öl knusprig braten.

Die Pappardelle, die Hackfleischbällchen und die Zucchinischeiben unter die Tomatensauce mischen, erneut erhitzen und abschmecken. Die Nudeln auf Tellern anrichten, mit gehackter Petersilie und geriebenem Parmesan bestreuen, mit den Salbeiblättchen garnieren und sofort servieren

Chilinudeln mit Zucchini

FÜR 4 PERSONEN

Für den Nudelteig:
250 g Mehl
2 Eier
1 Eigelb
2 El Öl
$\frac{1}{2}$ Tl Salz
6 getrocknete Chie árbol japonés

Für die Sahnesauce:
300 ml Sahne
3 frische Chile serrano
Salz
1 Tl Limettensaft

Außerdem:
200 g Zucchini
20 g Butter
1 Tl gehackter Emmentaler
80 g Gruyère, gehobelt

Aus den angegebenen Zutaten einen Nudelteig zubereiten. Die Chilischoten halbieren, von den Samen befreien, im Mörser sehr fein zerstoßen und mit dem Salz unter den Nudelteig arbeiten. In Folie wickeln und mindestens eine Stunde im Kühlschrank ruhen lassen.

Für die Sahnesauce die Sahne in einem Topf auf etwa die Hälfte einkochen lassen. Die Chilischoten halbieren, von den Samen und Trennhäuten befreien, in feine Streifen schneiden, in die Sahne einrühren und mitköcheln. Mit Salz und Limettensaft abschmecken.

Inzwischen den Nudelteig zu Platten verarbeiten. Dafür den Teig zunächst mit der Nudelmaschine ausrollen, dabei die Walze immer enger stellen, bis der Teig die gewünschte Stärke hat. Mit dem entsprechenden Vorsatz in 1,5 bis 2 cm breite Streifen schneiden. In sprudelnd kochendem Salzwasser al dente kochen, abgießen und gut abtropfen lassen.

Die Zucchini waschen, beide Enden abschneiden, längs in etwa 3–4 mm dicke Scheiben schneiden und diese längs halbieren. Die Butter in einer Pfanne erhitzen und die Zucchinistücke darin kurz von beiden Seiten anbraten. Die Lasagnette durchschwenken und die Sahnesauce zugießen. Nochmals durchrühren und abschmecken.

Mit Emmentaler und Gruyère bestreuen und servieren.

Mais-Pasta mit Gemüsesugo

Durch den hohen Anteil an Maismehl, es sind bei dieser Sorte Pasta immerhin 50 %, erhält der Teig einen ganz eigenen Charakter: Er lässt sich dank seiner rustikalen Konsistenz besonders leicht verarbeiten und ist angenehm voll im Biss.

FÜR 4 PERSONEN

Für den Mais-Nudelteig:
150 g Maismehl
150 g Weizenmehl Type 405
3 Eier
3 Eigelb
1 El Olivenöl
½ Tl Salz

Für die Soße:
80 g Schalotten
1 Knoblauchzehe
50 g Möhre
50 g Lauch
200 g Erbsenschoten (ausgelöste Erbsen etwa 80 g)
1 Maiskolben (etwa 230 g)
200 g grüner Spargel
100 g Roquefort
150 ml Sahne
150 ml Gemüsefond
20 g Butter
1 El gehackte Kräuter
Salz
frisch gemahlener Pfeffer

Für den Nudelteig das Mehl auf eine Arbeitsfläche häufen und in die Mitte eine Mulde drücken. Die Eier, das Eigelb, Öl und Salz in die Mulde geben. Zunächst mit einer Gabel die Zutaten in der Mulde verrühren und dabei immer mehr Mehl vom Rand her einrühren. Mit den Händen das Mehl von außen nach innen einarbeiten, bei Bedarf etwas Wasser unterarbeiten. Aus dem Teig eine Kugel formen, in Folie wickeln und 1 Stunde ruhen lassen.

Mit der Nudelmaschine zur gewünschten Stärke ausrollen und mit dem Lasagne-Vorsatz in etwa 2 cm breite Streifen schneiden. Auf einem Tuch ausbreiten und trocknen lassen.

Die Schalotte und die Knoblauchzehe schälen und fein hacken. Möhre und Lauch putzen und in kleine Würfel schneiden. Die Erbsen aus der Schote lösen. Hüllblätter und Fäden vom Maiskolben entfernen, die Körner mit einem scharfen Messer vom Kolben trennen.

Den Spargel waschen und das untere Ende abschneiden. Nur das untere Drittel der Stangen dünn schälen und den Spargel in 3 cm lange Stücke schneiden. Die Maiskörner in sprudelnd kochendem Wasser weich kochen. Nach 10 Minuten die Spargelstücke und nach weiteren 5 Minuten die Erbsen zufügen und alles noch 3 Minuten kochen.

Abgießen und eiskalt abschrecken. Den Roquefort würfeln. Die Sahne mit dem Gemüsefond aufkochen und den Käse darin unter Rühren schmelzen.

In einer separaten Pfanne die Butter zerlassen und darin die Schalotten- und Knoblauchwürfel anschwitzen. Möhren- und Lauchwürfel 5 Minuten mitdünsten. Die Käsesahnesoße zugießen, das gekochte Gemüse zugeben und weitere 3 Minuten köcheln. Die Kräuter (Thymian, Basilikum, Oregano, Petersilie) einstreuen, salzen und pfeffern.

Die Nudeln in sprudelnd kochendem Salzwasser al dente kochen und abgießen. Mit der Sauce auf Tellern anrichten und servieren.

Fussili mit Schinkensoße

FÜR 4 PERSONEN

Für die Schinkensauce:
1 kg Tomaten
4 Knoblauchzehen
200 g Bayonne-Schinken
60 g Pinienkerne
30 g Basilikum
40 ml Olivenöl
Salz
frisch gemahlener Pfeffer

Außerdem:
350 g Fussili mit Spinat
Salz
20 g Butter
16 gekochte, geschälte Garnelen (je 10 g)

Für die Schinkensauce die Tomaten blanchieren, kalt abschrecken, häuten, vierteln, Stielansatz und die Samen entfernen. Das Fruchtfleisch in kleine Würfel schneiden. Die Knoblauchzehen schälen und fein hacken. Den Schinken in Würfel mit etwa 1 cm Kantenlänge schneiden. Die Pinienkerne in einer Pfanne ohne Fett rösten. Das Basilikum in feine Streifen schneiden.

Das Olivenöl in einem großen Topf erhitzen. Die Tomaten sowie den Knoblauch darin kurz anschwitzen. Die Hitze reduzieren und die Sauce etwa 10 Minuten köcheln. Den Schinken und die Pinienkerne zufügen. Mit Salz und Pfeffer abschmecken, dabei jedoch bedenken, dass der Schinken auch schon salzig sein kann.

Die Fussili in sprudelnd kochendem Salzwasser al dente garen, abgießen und in eine vorgewärmte Schüssel geben. Gleichzeitig die Butter in einer Pfanne zerlassen und die Garnelen darin kurz andünsten, aber keine Farbe annehmen lassen.

Das Basilikum in die Sauce rühren und erneut abschmecken. Die Sauce auf die Nudeln geben und vorsichtig unterheben. Auf 4 Tellern anrichten. Mit den Garnelen belegen und servieren.

Lasagne nach Bologneser Art

Lasagneblätter lassen kreativen Köchen viel Raum zum Improvisieren. Schreibt das Rezept Rindfleisch vor, kann die Lasagne doch auch mit Schwein, Lamm oder sogar mit Wild zu höchst interessanten Ergebnissen führen. Das Fleisch muss dafür nicht unbedingt durch den Fleischwolf getrieben werden. Schneidet man es in kleine Stücke, so wird aus der Bologneser Sauce ein Ragout, das man dann einfach etwas länger schmoren lässt.

FÜR 4 PERSONEN

Für die Bologneser Fleischsauce:
60 g Zwiebel, 70 g Möhre
¹/₂ Petersilienwurzel
1 Stangensellerie
40 ml Öl, 40 g Butter
500 g gehacktes, mageres Rindfleisch
2 El Tomatenmark
250 g gehäutete Tomaten aus der Dose mit Saft
Salz
frisch gemahlener Pfeffer
1 El frisch gehackte Petersilie
1 Tl frisch gehackter Thymian
1 Tl frisch gehacktes Basilikum
¹/₈ l kräftige Fleischbrühe
¹/₈ l Rotwein

Für die Béchamelsoße:
25 g Butter, 30 g Mehl
¹/₂ l Milch, Salz
frisch gemahlener weißer Pfeffer
1 Msp. frisch geriebene Muskatnuss

Außerdem:
400 g getrocknete Lasagneblätter (16 Stück)
oder 600 g frische weiße Lasagneblätter
Salz
Butter für die Form
80 g geriebener Parmesan

Für die Fleischsauce die Zwiebeln klein würfeln. Die Möhre, Petersilienwurzel und den Stangensellerie mit den Blättern putzen und alles fein hacken.

In einer Kasserolle das Öl mit der Butter erhitzen, das Hackfleisch darin kräftig anbraten, bis es grau wird und krümelig zerfällt. Das vorbereitete Gemüse zugeben und das Tomatenmark einrühren. Tomaten mitsamt Saft, Gewürze und Kräuter einrühren, Brühe und Wein zugießen und alles 50 Minuten köcheln.

Für die Béchamelsoße die Butter zerlassen, das Mehl einrühren und ohne Farbe anschwitzen. Milch zugießen, glatt rühren und zum Kochen bringen. Würzen, bei schwacher Hitze 20 Minuten köcheln und die Soße durch ein Sieb passieren. Lasagneblätter in kochendem Salzwasser 7–9 Minuten garen. Herausnehmen, glatt ausbreiten und mit einem feuchten Tuch bedecken.

Die Form mit Butter ausstreichen und als erste Lage 4 Lasagneblätter überlappend einlegen. Alle Zutaten abwechselnd in die Form schichten und mit Parmesan bestreuen.

Die Lasagne bei 180 °C im vorgeheizten Ofen in 40 Minuten goldgelb backen.

Nudeln mit grünem Spargel

Es gehört viel kulinarische Fantasie dazu, sich eine Kombination von knackig gekochtem grünem Spargel und al dente gekochten Makkaroni, Penne oder Tubetti vorzustellen.
Das hört sich zwar mediterran an, ist aber auch amerikanische Realität und lässt sich unter der Sonne Kaliforniens ebenso genießen wie in Italien. Dazu passt ein fruchtig-trockener Weißwein aus den Staaten ebenso wie ein Gavi, den man vermutlich in Italien dazu trinken würde.

FÜR 4 PERSONEN

500 g grüner Spargel
40 g Schalotten
4 Sardellenfilets, in Salz eingelegt
300 g Tomaten
60 ml kaltgepresstes Olivenöl
frisch gemahlener schwarzer Pfeffer

Außerdem:
400 g Tubetti lunghi rigati
Salz
40 g gehobelter Parmesan
Basilikumblättchen

Vom Spargel die Stielenden abschneiden und nur das untere Drittel der Stangen dünn abschälen; es sollen 400 g Spargel verbleiben. Den Spargel zu einem Bündel zusammenbinden und in soviel leicht gesalzenes, sprudelnd kochendes Wasser geben, dass er gerade bedeckt ist. Je nach Stärke der Stangen in etwa 15 Minuten gar kochen; er soll keinesfalls zu weich sein. Herausnehmen und abtropfen lassen. Einige Stangen zum Garnieren zur Seite legen, den Rest in etwa 3 cm große Stücke schneiden. Die Nudeln in sprudelnd kochendem Salzwasser al dente kochen und abgießen.

Die Schalotten schälen und fein hacken. Die Sardellenfilets in Stücke schneiden. Die Tomaten kurz blanchieren, häuten, vierteln und in große Würfel schneiden.

Das Öl in einer Pfanne erhitzen und die Schalottenwürfel darin glasig anschwitzen. Die Spargelstücke und die Nudeln zufügen und vorsichtig unterheben. Die Tomatenwürfel und Sardellen zugeben und pfeffern.

Zum Servieren zuerst die ganzen Spargelstangen auf 4 Tellern verteilen. Die Nudel-Spargel-Mischung darauf anrichten. Mit gehobeltem Parmesan bestreuen und mit Basilikum garnieren.

Nudeln mit kleinen Artischocken

FÜR 4 PERSONEN

Für die Artischocken:
12 kleine Artischocken
Saft von 1 Zitrone
$1/2$ Tl Salz

Für die Tomatensoße:
600 g Tomaten
80 g Zwiebeln
1 Knoblauchzehe
60 g Möhre
60 g Stangensellerie
2 El Olivenöl
$1/8$ l Gemüsebrühe
Salz
frisch gemahlener Pfeffer

Außerdem:
300 g Bucatini
frische Thymianblätter

Den Stiel der Artischocken direkt unter dem Blütenansatz abschneiden, die kleinen harten Blätter rund um den Stielansatz entfernen. Von den äußeren Blättern mit einer Küchenschere und von jeder Artischocke die Spitze mit einem scharfen Messer abschneiden. Das Heu entfernen.

Die Artischocken halbieren, vierteln und sofort in eine Schüssel mit Wasser und dem Saft von 1/2 Zitrone legen. Zum Kochen die Artischocken in einem Topf mit Wasser gerade bedecken, restlichen Zitronensaft und Salz zufügen. Die Artischockenstücke etwa 15 Minuten kochen.

Für die Soße die Tomaten blanchieren, kalt abschrecken, häuten, vierteln und das Fruchtfleisch klein würfeln. Die Zwiebeln und die Knoblauchzehe schälen und hacken. Die Möhre und den Sellerie putzen und fein würfeln. Das Öl erhitzen, die Zwiebel- und Knoblauchwürfel darin anschwitzen, Gemüse zugeben und kurz andünsten. Brühe angießen, salzen, pfeffern und 10 Minuten leise köcheln. Die Bucatini in sprudelnd kochendem Salzwasser al dente kochen und abgießen. Die Artischocken aus dem Sud heben und unter die Soße mischen. Die Nudeln auf 4 Tellern anrichten, die Soße darüber geben und mit Thymian bestreuen.

Nudeln mit zweierlei Käse

FÜR 4 PERSONEN

Für die Soße:
30 g Schalotten
30 g Butter
100 ml Sahne
140 g Comté

Außerdem:
500 g Penne rigate
120 g reifer Roquefort
120 g Cocktailtomaten
8 Salbeiblätter
30 g Butter
Salz
frisch gemahlener Pfeffer

Für die Soße die Schalotten schälen und sehr fein hacken. Die Butter in einem entsprechend großen Topf zerlassen und die Sahne zugießen. Den Comté reiben und unterrühren. Den Käse unter ständigem Rühren mit dem Schneebesen langsam in der Soße schmelzen.

Die Penne rigate in sprudelnd kochendem Salzwasser al dente kochen. Abgießen, gut abtropfen lassen, sofort mit der Soße vermischen und auf 4 Tellern anrichten.

Den Roquefort zerbröseln, über die Nudeln verteilen und unter dem Grill kurz zerlaufen lassen. Inzwischen die Cocktailtomaten halbieren und mit Salbeiblättern in der Butter kurz andünsten. Danach mit Salz und Pfeffer würzen und über das heiße Gericht geben.

Ravioli mit Lammfleischfüllung

FÜR 4 PERSONEN

Für den Teig:
300 g Mehl
1 Tl Salz
3 Eier
2 El Olivenöl

Für die Füllung:
300 g mageres Lammfleisch
3 El Olivenöl
¹/₂ Knoblauchzehe
1 Zwiebel
¹/₈ l Fleischbrühe
¹/₂ Tl Salz
frisch gemahlener weißer Pfeffer
1 Prise frisch geriebene Muskatnuss
1 El gehackte Petersilie
4 – 6 gehackte frische Salbeiblätter
je ¹/₂ Tl gehackter Rosmarin und Thymian

Außerdem:
Mehl zum Ausrollen
1 Eiweiß zum Bestreichen
Salzwasser
80 g Butter
80 g frisch geriebener Parmesan

Für den Teig das Mehl auf die Arbeitsfläche sieben, in die Mitte eine Mulde drücken und das Salz, die Eier und das Olivenöl hineingeben. Von der Mitte aus alles zusammen zu einem geschmeidigen Teig verkneten. In Folie wickeln und 1 Stunde im Kühlschrank ruhen lassen.

Für die Füllung das Lammfleisch von Sehnen befreien und durch die feinste Scheibe des Fleischwolfs drehen.

Das Öl in einer Pfanne erhitzen, die geschälte Knoblauchzehe dazupressen. Die fein gewürfelte Zwiebel mitschwitzen. Das Fleisch zugeben und bei starker Hitze unter ständigem Wenden anbraten. Die Brühe zugießen, mit Salz, Pfeffer, Muskatnuss und den Kräutern würzen und die Mischung bei mittlerer Hitze etwa 20 Minuten schmoren. Bei Bedarf etwas Brühe angießen. Erkalten lassen.

Den Pastateig in 4 Teile schneiden, 2 davon bis zur weiteren Verarbeitung im Kühlschrank aufbewahren. Den anderen Teig auf einer bemehlten Arbeitsfläche zu 2 Quadraten von 32 x 32 cm ausrollen. Als Markierung mit einem Messer in eine Teigplatte Quadrate von 4 x 4 cm eindrükken.

Je 1 Tl der Füllung in die Mitte der Quadrate setzen, die Zwischenräume mit verquirltem Eiweiß ausstreichen. Die zweite Teigplatte darüber legen und mit einem Lineal die Zwischenräume kräftig andrücken. Luftblasen mit einer Nadel aufstechen. Mit einem Teigrädchen die Quadrate ausschneiden. Mit den beiden gekühlten Teigstücken ebenso verfahren. Die Ravioli in sprudelnd kochendem Salzwasser etwa 12–15 Minuten kochen. Anschließend in einem Topf mit zerlassener Butter schwenken. Auf Tellern anrichten und mit geriebenem Parmesan bestreuen. Dazu passt ein frischer Salat.

Rigatoni mit Brokkoli

Vor allem in Apulien wird diese Kombination von Gemüse und Pasta gern zubereitet. Dort nimmt man dafür meist die selbst gemachten Orecchiette, die übrigens auch bei diesem Rezept gegen die Rigatoni ausgetauscht werden können. Es gibt sie auch getrocknet zu kaufen, denn das Selbermachen ist nicht nur mühsam, es gehört auch viel Fingerfertigkeit dazu. Die Pinienkerne lassen sich bei diesem Gericht gegebenenfalls durch gestiftelte Mandeln ersetzen. Der Käse allerdings muss unbedingt ein Pecorino oder zumindest ein anderer Schafskäse sein, denn sein besonderes Aroma verträgt sich sehr gut mit dem Brokkoli-Tomaten-Gemüse.

FÜR 4 PERSONEN

Für die Soße:
80 g Zwiebeln
2 Knoblauchzehen
3 gesalzene Sardellenfilets
400 g reife Tomaten
2 El Olivenöl
Salz
frisch gemahlener Pfeffer
1 El gehackte Basilikumblätter
500 g Brokkoliröschen

Außerdem:
300 g Rigatoni
30 g Pinienkerne
40 g geriebener Pecorino

Für die Sauce Zwiebeln und Knoblauch schälen und fein hacken. Die Sardellen in Stücke schneiden. Die Tomaten blanchieren, häuten, halbieren. Die Samen sowie die Stielansätze entfernen und das Fruchtfleisch in kleine Würfel schneiden.

In einem Topf das Öl erhitzen und die Zwiebel- und Knoblauchwürfel darin hell anschwitzen. Die Sardellenstücke mit anschwitzen, bis sie zu zerfallen beginnen. Die Tomatenwürfel unterrühren, salzen und pfeffern und zugedeckt bei geringer Hitze köcheln. Das Basilikum einstreuen.

Die Brokkoliröschen in sprudelnd kochendem Salzwasser 5–8 Minuten kochen. Herausnehmen, abtropfen lassen und unter die Soße heben.

Die Nudeln in sprudelnd kochendem Salzwasser kochen, abgießen und gut abtropfen lassen.

Die Pinienkerne in einer beschichteten Pfanne ohne Fett goldbraun rösten. Die Rigatoni unter die Brokkoli-Sauce mischen und auf Tellern anrichten. Mit Pinienkernen und Pecorino bestreuen und servieren.

Spaghetti mit Sardinen im Pergamentpaket

Eingeschlossen in eine Hülle aus Pergamentpapier können sich die Aromen der verschiedenen Zutaten gut entwickeln und miteinander verbinden.

FÜR 12 STÜCK

Für die Tomatensoße:
1 Dose geschälte Tomaten (400 g)
50 ml Olivenöl
2 geschälte Knoblauchzehen
Salz
frisch gemahlener Pfeffer
$^1/_2$ Tl zerstoßene, getrocknete Peperoncini

Für die Füllung:
250 g frische, reife Tomaten
12 frische Sardinen
250 g Spaghetti
Salz
12 Scheiben Bauchspeck
1 Bund fein gehackte Petersilie

Außerdem:
12 Stück Pergamentpapier, 25 x 25 cm groß
Olivenöl zum Einpinseln
50 g zerlassene Butter
frisch geriebener Parmesan

Die Tomaten in einem Sieb ablaufen lassen. Öl in einer entsprechend großen Kasserolle erhitzen, die Knoblauchzehen darin 2 Minuten anschwitzen und wieder herausnehmen. Die Tomaten in dem aromatisierten Öl bei mittlerer Hitze etwa 20 Minuten köcheln. Salzen, pfeffern und mit Peperoncini würzen. Mit einem Stabmixer pürieren und weitere 10 Minuten einkochen.

Für die Füllung die frischen Tomaten blanchieren, kalt abschrecken, häuten, achteln, Stielansatz und Samen entfernen. Von den Sardinen die Köpfe, die Schwänze und die Flossen abschneiden, längs halbieren, ausnehmen, ausspülen und die Rückengräte herausziehen.

Die Spaghetti in sprudelnd kochendem Salzwasser nur knapp al dente garen und abgießen.

Für die Pergamentpakete die Papierquadrate gleichmäßig mit Olivenöl einpinseln und in der Mitte mit Spaghetti und der Füllung belegen.

Dann die Ecken mit einem Bindfaden zusammenbinden.

Die fertigen Päckchen auf ein Backblech setzen und die Oberfläche mit etwas Öl einpinseln. Bei 200 °C im vorgeheizten Ofen 15 Minuten backen. Die Päckchen mit einer Schere aufschneiden und die Spaghetti mit zerlassener Butter beträufeln. Den frisch geriebenen Parmesan separat dazu reichen.

Steinpilznudeln

Die geschmacksintensiven Steinpilze passen hervorragend zu Nudeln. Um den Geschmack noch mehr hervorzuheben, kann man im Kochwasser für die Nudeln zuvor eine Handvoll getrocknete Steinpilze auskochen. Die darin gekochten frischen Steinpilznudeln bekommen so noch mehr Aroma.

FÜR 4 PERSONEN

Für den Nudelteig:
250 g Mehl
2 Eier
½ Tl Salz
2 El Öl
10 g getrocknete Steinpilze, im Mörser zerstoßen
1 El feingehackte Petersilie

Für die Tomatensoße:
600 g reife Tomaten
80 g Schalotten
8 mittelgroße Salbeiblätter
125 g Butter
½ Tl Salz

Außerdem:
100 g frisch gehobelter Parmesan

Für den Nudelteig das Mehl auf eine Arbeitsfläche häufen und in die Mitte eine Mulde eindrücken. Die Eier, Salz Öl, die Steinpilze und die Petersilie in die Mulde geben. Zunächst mit einer Gabel die Zutaten in der Mulde verrühren und dabei immer mehr Mehl vom Rand mit einrühren. Mit den Händen das Mehl von außen her einarbeiten und zu einem glatten Teig kneten, bei Bedarf etwas Wasser unterarbeiten. Den Nudelteig in Folie einwickeln und mindestens 1 Stunde im Kühlschrank ruhen lassen.

Für die Soße die Tomaten blanchieren, häuten, halbieren, jeweils Stielansatz und Samen entfernen und das Fruchtfleisch grob würfeln. Die Schalotten schälen und fein hacken. Die Salbeiblätter in feine Streifen schneiden.

Die Butter in einer Kasserolle zerlassen und die Zwiebelwürfel darin glasig anschwitzen. Die Tomatenwürfel sowie die vorbereiteten Salbeistreifen 10 Minuten mitkochen und die Soße salzen.

Den Teig auf einer bemehlten Fläche ausrollen, in Streifen schneiden und diese in einer Nudelmaschine in mehreren Durchgängen ausrollen. Dabei werden die Walzen immer enger gestellt, bis der Teig entsprechend dünn ist. Mit dem Lasagnette-Vorsatz in 1 cm breite Streifen schneiden. Die Nudeln auf ein leicht bemehltes Tuch legen und vor dem Kochen etwas antrocknen lassen. Die Nudeln in sprudelnd kochendem Wasser al dente kochen und abgießen.

Die Nudeln mit der Soße vermengen, auf Tellern anrichten und mit frisch gehobeltem Parmesan bestreuen.

Tagliatelle all'acciuga

TAGLIATELLE MIT ANCHOVIS

Sardellen werden auf verschiedene Weise konserviert: im Ganzen eingesalzen oder filetiert und in Salzlake oder „sott'olio" in Öl – eingelegt. Für das folgende Gericht benötigt man die Filets in Salzlake, die problemlos erhältlich sind. Werden sie in einer Sauce erhitzt, »lösen« sie sich auf und sind so eine Art Würze. Mit Salz sollte man dann aber vorsichtig sein, denn wässert man die Filets nicht vor Gebrauch, bringen sie gewöhnlich genügend Salz mit.

FÜR 4 PERSONEN

Für den Nudelteig:
125 g Weizenmehl Type 405
125 g sehr feiner Hartweizengrieß
2 Eier
1 Eigelb
¹/₃ Tl Salz

Für die Paprika-Sardellen-Mischung:
350 g rote Paprikaschoten
2 frische grüne Peperoncini (je etwa 10 g)
80 g weiße Zwiebeln
2 Knoblauchzehen
8 Sardellenfilets in Salzlake
6 El Olivenöl
frisch gemahlener Pfeffer
Salz
2 El gehackte glatte Petersilie

Außerdem:
30 g frisch gehobelter Parmesan
Petersilie zum Garnieren

Für den Nudelteig das Mehl auf eine Arbeitsfläche sieben, den Grieß darunter mischen und in die Mitte eine Mulde drücken. Die Eier, das Eigelb sowie das Salz hineingeben und mit einer Gabel zu einem dickflüssigen Teig verrühren, dabei immer mehr Mehl vom Innenrand her mit einarbeiten. Mit den Händen zu einem glatten, festen Teig verkneten. Den Teig zu einer Kugel formen, in Folie wickeln und 1 Stunde im Kühlschrank ruhen lassen.

Den Teig in einer Nudelmaschine in mehreren Durchgängen bis zur gewünschten Stärke ausrollen und im Tagliatelle-Vorsatz in 1/2 cm breite Streifen schneiden. Die Nudeln auf ein Tuch legen und etwas antrocknen lassen.

Inzwischen von den Paprikaschoten die Stielansätze mit einem scharfen Messer kreisförmig herausschneiden, Samen und Trennhäute mit einem Kugelausstecher vorsichtig herauskratzen. Das Fruchtfleisch häuten: Dafür die Schoten bei 220 °C im vorgeheizten Ofen backen, bis die Haut Blasen wirft. Herausnehmen, unter einem Tuch oder einer Plastiktüte »schwitzen« lassen, dann die Haut abziehen. Das Paprikafruchtfleisch quer in Ringe schneiden.

Peperoncini halbieren, Stielansätze, Samen und Trennhäute entfernen und das Fruchtfleisch fein würfeln. Die Zwiebeln und die Knoblauchzehen schälen und beides fein hacken. Die Nudeln in kochendem Salzwasser al dente kochen.

Die Sardellenfilets kurz unter kaltem Wasser abspülen und etwas abtropfen lassen.

Die Sardellen nun zur Paprikamischung geben und anschließend die Nudeln untermischen. Das Gericht auf vorgewärmten Tellern anrichten, mit dünn gehobeltem Parmesan bestreuen und mit Petersilie garniert servieren.

Tagliatelle alle vongole
TAGLIATELLE MIT VENUSMUSCHELN

Für dieses Rezept müssen es nicht unbedingt Bandnudeln sein, Spaghetti eignen sich ebenfalls sehr gut. Muscheln werden in den Monaten mit »r« angeboten. Also kann man nicht nur in Italien das „Vongole-Vergnügen" genießen.

FÜR 4 PERSONEN

Für die Gemüse-Muschel-Mischung:
60 g Möhre
60 g Bleichsellerie
2 Schalotten
1 Knoblauchzehe
1 rote Chilischote
1,2 kg frische Venusmuscheln
1/8 l Olivenöl
1/4 l trockener Weißwein
1/2 Tl Salz
frisch gemahlener Pfeffer
1 El gehackte Petersilie
1 Tl gehacktes Basilikum
1 Tl gehackte Zitronenmelisse

400 g Tagliatelle
Salz

Die Möhre und den Sellerie putzen und klein würfeln. Die Schalotten schälen und klein würfeln. Die Knoblauchzehe ebenfalls schälen und durch eine Presse drücken. Die Chilischote halbieren, von Samen und Trennhäuten befreien und klein hacken.

Die Muscheln unter fließendem kaltem Wasser abspülen und geöffnete Exemplare wegwerfen, da sie verdorben sind.

Das Öl in einer Kasserolle erhitzen und die Schalottenwürfel sowie den Knoblauch darin kurz anschwitzen. Das Gemüse etwa 3 Minuten mitbraten. Den Weißwein zugießen.

Die Muscheln zum Gemüse geben, salzen und pfeffern, den Topf zudecken und einige Minuten kochen, bis sie sich geöffnet haben. Noch geschlossene Exemplare herausnehmen und wegwerfen. Die Kräuter einstreuen und alles zusammen in der offenen Kasserolle bei schwacher Hitze etwa 15 Minuten köcheln und dabei die Flüssigkeit leicht reduzieren.

Die Nudeln in sprudelnd kochendem Salzwasser al dente kochen und abgießen. In eine vorgewärmte Schüssel geben und mit den Muscheln vermengen.

Zitronennudeln

Für den Nudelteig:
300 g Mehl Type 405
1 Ei
7 Eigelb
1 El Öl
$\frac{1}{2}$ Tl Salz
1 El Wasser (nach Bedarf)

Für den Spargel:
500 g grüner Spargel
3 El Olivenöl
Salz
frisch gemahlener Pfeffer

Für die Soße:
$\frac{1}{4}$ l Sahne
$\frac{1}{2}$ Tl Salz
Pfeffer
1 kleine getrocknete Chilischote
Saft von 1 Zitrone

Außerdem:
4 Cocktailtomaten
10 g Butter
4 dünne Zitronenscheiben
Salz
Pfeffer
Zitronenschale

Aus den angegebenen Zutaten einen Nudelteig herstellen. In Folie gewickelt mindestens 1 Stunde kühl ruhen lassen. Mit der Nudelmaschine zur gewünschten Stärke ausrollen und mit dem entsprechenden Vorsatz in 1,5 cm breite Streifen schneiden.

Spargel putzen, die Enden abschneiden und die Stangen halbieren. Es sollen dabei ca. 8 cm lange Stücke entstehen.

Für die Soße in einer Kasserolle die Sahne auf die Hälfte reduzieren, salzen und pfeffern. Vom Herd nehmen. Die Chilischote fein zerstoßen und mit dem Zitronensaft in die Sahne rühren.

Inzwischen die Nudeln in sprudelnd kochendem Salzwasser al dente kochen und abseihen.

Das Olivenöl in einer Pfanne erhitzen und darin den Spargel etwa 5 Minuten dünsten, salzen und pfeffern. Die Nudeln locker untermischen.

Cocktailtomaten waschen und halbieren. Die Butter in einer kleinen Pfanne zerlassen, die Zitronenscheiben sowie die halben Tomaten darin kurz von beiden Seiten erwärmen. Mit Salz und Pfeffer würzen.

Die Nudeln mit der Spargelsauce auf Tellern anrichten, mit je 2 Tomatenhälften, 1 Zitronenscheibe und der in feine Streifen geschnittenen Zitronenschale garnieren.

Kartoffelklößchen nach Alfonso

FÜR 4 PERSONEN

Für den Kartoffelteig:
600–700 g mehlig kochende Kartoffeln
250 g Mehl
100 g Grieß
Salz
1 Eigelb

Für die Tomatensoße:
700 g Tomaten
100 ml Olivenöl
50 g gehackte Schalotten
1 zerdrückte Knoblauchzehe
1 Rosmarinzweig
1 El gehacktes Basilikum
1 Tl Salz
frisch gemahlener Pfeffer

Die Kartoffel waschen und garen. Dafür die Kartoffeln in Alufolie wickeln und bei 200 °C im vorgeheizten Ofen 1 Stunde backen. Die Kartoffeln aus dem Ofen nehmen und pellen.

Die Kartoffeln durch die Presse drücken und zusammen mit den anderen Zutaten für den Kartoffelteig zu einer glatten Masse verarbeiten. Die Gnocchetti formen.

Die Gnocchetti in sprudelnd kochendes Salzwasser einlegen und gar ziehen lassen. Sobald sie an die Oberfläche steigen, mit einem Schaumlöffel vorsichtig herausheben und warm stellen.

In der Zwischenzeit die Tomaten blanchieren, häuten, vierteln, Samen und Stielansatz entfernen und das Fruchtfleisch in kleine Würfel schneiden.

Das Öl in einer Kasserolle erhitzen, die Schalottenwürfel und die Knoblauchzehe darin hell anschwitzen. Die Kräuter zugeben. Mit Salz und Pfeffer würzen. Die Gnocchetti auf vorgewärmten Tellern anrichten und die Tomatensoße darüber gießen.

Südtiroler Speckknödel
auf gedünsteten Pilzen

FÜR 4 PERSONEN

Für die Knödel:
3 Eier
¹/₂ l Milch
250 g Brötchen vom Vortag
150 g gewürfelter Speck
2 El gehackte Petersilie
Salz
Pfeffer
150 g Mehl

1 ¹/₂ l Fleischbrühe

600 g Pilze
(Pfifferlinge, Austernpilze, Champignons o. ä.)
1 mittelgroße Zwiebel
2 El Butter
¹/₂ l trockener Weißwein
2 El Majoran
Salz
Pfeffer
200 ml Sahne oder Crème fraîche
40 g geriebener Parmesan

Für die Knödel: Eier mit Milch verrühren. Die Brötchen würfeln und mit Speck und Petersilie vermischen und zur Ei-Milch-Mischung geben. Dann mit Salz und Pfeffer würzen. Alles gut verkneten und so viel Mehl dazu geben, dass die Masse zusammen hält. Mit nassen Händen etwa golfballgroße Knödel formen. Brühe zum Kochen bringen. Knödel leicht mit Mehl bestäuben und 15–20 Minuten in der köchelnden Brühe garen. Die Knödel müssen während des Kochens von der Brühe bedeckt sein.

Für die Pilze: Pilze putzen und in kleine Streifen schneiden. Zwiebel pellen und hacken. Butter in einer Pfanne erhitzen und die Zwiebel darin glasig dünsten. Mit Wein ablöschen. Pilze zugeben und offen ca. 10 Minuten köcheln. Mit Majoran, Salz und Pfeffer würzen. Nach Belieben zum Schluss ein wenig flüssige Sahne oder Crème fraîche unterrühren.

Die Pilze in tiefen Tellern anrichten und pro Person ca. 2 bis 3 Knödel heiß darauf legen. Mit etwas geriebenem Käse bestreuen und servieren.

Fisch und Meeresfrüchte

Fisch und Meeresfrüchte

„Auch der Tunke Zubereitung sollt ihr wissen: ganz feines Öl zunächst aus der ersten Pressung; Fischsauce, hergestellt aus spanischen Makrelen; fünfjährigen Wein von heimatlichen Reben, noch beim Kochen zugesetzt -; mit weißem Pfeffer etwas Essig, den die Gärung aus Methymnas Trauben schuf. Auch grünen Raukenkohl und bittern Alant mitzukochen ist recht gut: Seeigel aber, ungespült, empfiehlt Curtillus, weil dies Schaltier etwas hergibt, das noch besser sei als jede Salzfischlake.“

Horaz (65–27 v. Chr.) Satiren – Cena Nasidieni

Italien ist umringt vom Mittelneer. Kaum eine der 20 Regionen verfügt nicht über einen eigenen Küstenstreifen. Somit zählen die Früchte des Meeres, die Frutti di Mare, denn auch zu den Grundnahrungsmitteln. An allen Küsten gibt es Fischereitraditionen, und die Bevölkerung wusste seit jeher die Meere zu nutzen. Regionen wie Ligurien, Sizilien und Sardinien wären sogar ohne die Fischerei nicht lebensfähig.
Dementsprechend vielfältig gestalten sich die Rezepte zum Thema Fisch und Meeresfrüchte. Inzwischen sind die Preise für diese Produkte enorm gestiegen und haben zum Teil die Fleischpreise übertroffen. Früher dagegen konnte sich jeder diese Leckereien leisten. So entstanden Gerichte wie zum Beispiel die bäuerliche Buridda.
Die Rezepte in diesem Buch wurden dem heutigen Geschmack angepasst: leicht und bekömmlich und doch klassisch italienisch.

Genueser Fischeintopf

BURIDDA

FÜR 4 PERSONEN

300 g Tomaten

500 g Zwiebeln

4 Knoblauchzehen

3 El Olivenöl

$^1/_2$ l trockener Weißwein

Salz

Pfeffer

ca. 500 g gemischter Fisch, vorzugsweise
Mittelmeerfisch, küchenfertig

ca. 250 g Meeresfrüchte (z.B. Muscheln, Krabben)

1 El Oregano

1 El Basilikum

2 Lorbeerblätter

2 Sternanis

Zur Vorbereitung Tomaten dünsten, pellen und in Würfel schneiden. Zwiebeln hacken und Knoblauch in feine Scheiben schneiden.

In einem Topf etwa 3 El Olivenöl erhitzen und die Hälfte der Zwiebeln und des Knoblauchs darin anbraten. Dann mit etwas Weißwein ablöschen und die Hälfte der Tomaten hinzufügen. Mit Salz und Pfeffer leicht würzen. Darauf den Fisch in Stücken und die Meeresfrüchte geben und ebenfalls mit Salz und Pfeffer würzen. Den Rest der Tomaten, Zwiebeln und des Knoblauchs sowie die Gewürze als obere Schicht in den Topf geben. Zum Schluss mit dem restlichen Wein übergießen. Der Eintopf muss nun so lange garen, bis die Flüssigkeit eingedickt ist.

Tintenfisch mit Nudeln

FÜR 4 PERSONEN

300 g Penne lisce
Salz

Für die Tintenfische:
400 g Kalmare
100 g Stangensellerie
100 g Möhre
80 g Zwiebel
150 g Kirschtomaten
30 g Butter
Salz
frisch gemahlener Pfeffer

Außerdem:
grob gestoßener schwarzer Pfeffer
einige Blätter Thai-Basilikum

Den gewaschenen Kalmar fest mit der linken Hand anfassen und mit der rechten Hand die Haut abziehen. Die Fangarme des Kalmars mit der linken Hand fassen und aus dem Körperbeutel herausziehen. Die Arme knapp über den Augen so vom Kopf abschneiden, dass sie durch einen schmalen Ring verbunden bleiben. Nun die Tentakel in der Mitte fassen und von hinten mit dem Zeigefinger die Kauwerkzeuge herausdrücken und entfernen. Zuletzt das transparente Fischbein aus dem Körperbeutel entfernen.

Fangarme und Körper kurz in kochendem Wasser blanchieren. Fangarme ganz lassen, den Körper in 1 cm breite Streifen schneiden.

Stangensellerie und Möhren putzen, waschen und schälen. Beides in kleine Würfel schneiden. Zwiebel fein hacken. Tomaten waschen und halbieren. Butter zerlassen und die Zwiebel darin anschwitzen. Sellerie- und Möhrenwürfel zugeben und kurz mitdünsten. Alles 10 Minuten köcheln. Die Penne in sprudelnd kochendem Salzwasser al dente kochen, abgießen, kurz abschrecken und beiseite stellen.

Tomaten, Kalmarstreifen und Fangarme zum Gemüse geben, salzen und pfeffern. Die Penne zugeben und gut untermischen. Kurz erwärmen und auf 4 Tellern anrichten. Mit Pfeffer und gehacktem Basilikum bestreuen und sofort servieren.

Garnelen in Zucchini

FÜR 4 PERSONEN

2 mittelgroße Zucchini
3 Tomaten
2 Möhren
4 Schalotten
je 2 El Olivenöl zum Braten
1 Tl Thymian
Salz
Pfeffer
$1/8$ l trockener Weißwein
2 Knoblauchzehen
400 g Garnelenschwänze
1 Zweig Rosmarin

Zucchini waschen und halbieren. Mit einem Esslöffel das innere Fruchtfleisch entfernen und würfeln.

Tomaten überbrühen und pellen, danach in Würfel schneiden. Möhren putzen und ebenfalls würfeln. Schalotten pellen und klein schneiden.

Olivenöl in einer Pfanne erhitzen. Schalotten darin glasig dünsten, dann die Zucchiniwürfel, Tomaten und Möhren zugeben sowie die ausgehöhlten Zucchinihälften. Mit Thymian, Salz und Pfeffer würzen. Unter Zugabe des Weines etwa 10 Minuten köcheln. Die Zucchini müssen etwas weich werden.

Knoblauch pellen und fein hacken. Garnelenschwänze waschen und trocknen. Olivenöl in einer zweiten Pfanne leicht erhitzen und den Knoblauch darin kurz anbraten. Dann Garnelenschwänze mit einem Rosmarinzweig zufügen, leicht salzen und ca. 6 Minuten von beiden Seiten braten.

Zum Anrichten verteilt man die halben Zucchini auf vier Teller, füllt sie mit den Garnelen und übergießt diese dann mit dem restlichen Gemüsesud. Sehr gut schmeckt geröstetes Ciabattabrot mit Kräuterbutter dazu.

Muscheln alla Giovanni

1 Zwiebel
2–3 Knoblauchzehen
1 El Butter
$^1/_2$ l trockener Weißwein
500 g gefrorenes Miesmuschelfleisch
4 Tl Dill
2 Tl Majoran
2 Tl Paprikapulver
Salz
Pfeffer
200 ml Sahne
50 ml Sambuca

Zwiebeln und Knoblauch klein würfeln. Butter in einem Topf erhitzen und Zwiebeln und Knoblauch darin andünsten. Mit Weißwein ablöschen.

Muschelfleisch zugeben und aufkochen. Mit Dill, Majoran, Paprikapulver, Salz und Pfeffer würzen. Sahne zugeben und ca. 15 Minuten köcheln. Die Soße muss schön eindicken.

Zum Schluss mit Sambuca verfeinern.

Variation: Das Gericht schmeckt auch gut mit gewürfelten Tomaten!

Venezianischer Seeteufel

FÜR 4 PERSONEN

Für die Soße:
100 g Spinat
20 g Mehl
0,1 l Weißwein
1 El Weißweinessig
1 Msp Estragon
1 Msp Dill
70 ml Sahne
$\frac{1}{2}$ l Fischfond
20 g Butter

800 g Seeteufelfilet
Salz
Pfeffer
Saft von $\frac{1}{2}$ Zitrone
Alufolie
Speiseöl

Für die Soße Spinat putzen und in sehr kleine Streifen schneiden. Mehl in etwas Wasser auflösen. Wein und Essig mit den Gewürzen aufkochen und bei niedriger Temperatur auf ein Drittel einkochen. Dann Sahne, Mehl, Spinat und Fischfond unterrühren, vom Herd nehmen und die kalte Butter darin auflösen.

Für den Fisch: Die Filets in etwa 5 cm breite Medaillons schneiden. Leicht mit Salz und Pfeffer sowie etwas Zitronensaft einreiben. Alufolie mit Öl einpinseln und den Fisch darin einwickeln. Dann Salzwasser in einem flachen Topf zum Kochen bringen und den Fisch in der Folie ins kochende Wasser geben. Der Fisch kann nun bei niedriger Hitze und geschlossenem Deckel etwa 7 Minuten gar dünsten.

Vor dem Anrichten wird die Folie entfernt. Pro Portion sollten etwa 3 Medaillons auf einen Soßenspiegel gelegt werden. Dazu empfehlen wir Fenchelgemüse und Salzkartoffeln.

Scampi mit Knoblauch und Olivenöl

SCAMPI AGLIO E OLIO

FÜR 4 PERSONEN

12 große Scampi
Salz
Pfeffer
2 Knoblauchzehen
6 El Olivenöl
Saft von 1 Zitrone

Scampi aus der Schale nehmen und am Rücken aufschneiden, um den Darm zu entfernen. Dann waschen, trocknen und mit Salz und Pfeffer leicht würzen.

Knoblauchzehen pellen und durch eine Knoblauchpresse drücken. Olivenöl in einer Pfanne sanft erhitzen (nicht auf höchster Stufe!). Scampi darin ca. 5 Minuten braten. Kurz vor Ende der Garzeit den Knoblauch in die Pfanne streuen.

Beim Anrichten können die Scampi noch mit Zitronensaft beträufelt werden.

Fleisch und Geflügel

Fleisch und Geflügel

In der einfachen italienischen Küche wird Fleisch nicht jeden Tag serviert. Fleisch ist teuer und beibt den besonderen Anlässen vorbehalten. Die italienischen Fleischgerichte bestehen hauptsächlich aus Huhn, Lamm, Schwein und Kalb.

Im Süden ist die Jagd auf Wild weit verbreitet. Vor allen Dingen Kaninchen, Wachteln und Wildschweine sind begehrte Jagdtrophäen für die Küche.

Aus der erzwungenen Sparsamkeit und Genügsamkeit der Sizilianer entspringen viele köstliche Gerichte mit Innereien wie Herz, Lunge, Kopf, Leber, Nieren, Hirn, Füßen, Zunge und Magen.

So sollte man unbedingt Gnumerelli, am Spieß gebratene Innereien, oder Soffritto, ein Ragout aus Herz, Leber und Lunge, probieren.

Gemischtes Siedfleisch

BOLLITO MISTO

Dies ist ein typisches Gericht, das die ganze Großfamilie samt Besuch satt machen soll. Daher kann man ruhig davon ausgehen, dass diese Menge für 10–12 Personen reicht!

FÜR 10 –12 PERSONEN

1 Zwiebel
5 Lorbeerblätter
5 Nelken
4 l Gemüsebrühe
1,3 kg Tafelspitz
Salz
Pfeffer
1 Poularde
600 g Schweinefilet
500 g Kochwurst

Zwiebel mit Lorbeer und Nelken spicken. Brühe in einer großen Kasserolle mit der Zwiebel aufkochen. Tafelspitz salzen und pfeffern. In der Brühe bei milder Hitze 1½ Stunden im Ofen garen. Poularde innen und außen salzen und pfeffern, zum Fleisch geben und weiter garen. Nach 30 Minuten Schweinefilets und Wurst dazugeben, alles nochmals 20 Minuten garen.

Poularde häuten und das Fleisch vom Knochen lösen. Restliches Fleisch und die Wurst in Scheiben schneiden. Auf einer Platte anrichten und mit Brühe übergießen. Dazu reicht man in Italien gerne sauer eingelegtes Gemüse und Brot.

Kalabreser Fleischrolle

BRACIUOLA ALLA CALABRESE

FÜR 4 PERSONEN

1 große Scheibe Rindfleisch (ca. 750 g)
Pfeffer
Salz
2 El Tomatenmark
8 Tomaten
1 Zwiebel
100 g Speck
3 hart gekochte Eier
3 Knoblauchzehen
1 Bund Petersilie
2 El Rosinen
4 El Paniermehl
3 El geriebener Käse
2 El Pinienkerne
4 El Olivenöl
$1/2$ l Gemüsebrühe
$1/2$ l Rotwein
$1/2$ Tl Thymian

Fleisch leicht klopfen, mit Pfeffer und Salz einreiben und mit 1 El Tomatenmark bestreichen.

Tomaten abbrühen und pellen.

Zwiebel, Speck, Eier, Knoblauch und Petersilie klein würfeln bzw. hacken und dann mit den Rosinen, dem Paniermehl, dem Käse und den Pinienkernen vermischen. Die Masse dick auf die Fleischscheibe streichen. Aufrollen, zusammenbinden und von allen Seiten im Olivenöl anbraten.

Tomaten, 1 El Tomatenmark und Gemüsebrühe dazugeben. Bei geschlossenem Topf mindestens 90 Minuten schmoren. Rotwein und Thymian dazugeben und weitere 10 Minuten schmoren. Das Fleisch herausnehmen und aufschneiden. Soße bei Bedarf noch eindicken lassen, dann mit Salz und Pfeffer abschmecken und vor dem Servieren das Fleisch darin heiß werden lassen.

Gänsebraten mit herzhafter Wurst- und Salamifüllung

Dieses Rezept ist ein wahrer Genuss in der kalten Jahreszeit. Die große Auswahl an italienischen Wurst- und Salamisorten erlaubt eine Fülle von köstlichen Variationen.

FÜR 4 PERSONEN

---

1 Gans
50 g Butter
Salz
1 Zweig Rosmarin
80 g geschnittene Salami
4 italienische Bratwürste zu je 60–80 g

Mit einem Küchenpinsel die gut gerupfte und gesäuberte Gans innen und außen mit zerlassener Butter bestreichen und mit Salz einreiben. Dann die Gans mit dem Rosmarin, den Salamischeiben und den ganzen Bratwürsten füllen und in den 180 °C heißen Ofen schieben.

Die Bratzeit für die Gans beträgt etwa 2½ Stunden.

Dann nimmt man die Füllung heraus, tranchiert die Gans und serviert sie mit Scheiben von der Bratwurst und der Salami.

Gratin vom Huhn mit Nudeln

FÜR 4 PERSONEN

Für den Nudelteig:
125 g Mehl
125 g Hartweizengrieß
2 Eier
1 Eigelb
$^1/_3$ Tl Salz

Für das Hähnchen:
1 küchenfertiges Hähnchen (etwa 1,2 kg)
Salz
frisch gemahlener Pfeffer
2 Tl edelsüßes Paprikapulver
4 El Olivenöl
je 200 g rote und grüne Paprikaschoten
600 g Tomaten
60 g Zwiebel
2 Knoblauchzehen
2 Tl Zitronensaft
1 Msp. gemahlener Zimt
$^1/_3$ Tl Zucker

1 El gehackter Oregano
1 El gehackte Petersilie

Außerdem:
Butter für die Form
60 g frisch geriebener Parmesan

Für den Teig das Mehl auf die Arbeitsfläche sieben, den Grieß zugeben und in die Mitte eine Mulde drücken. Eier, Eigelb und Salz hineingeben. Die Zutaten in der Mulde verrühren, dabei immer mehr Mehl vom Rand mit hineinnehmen. Mit den Händen zu einem Teig verkneten, zu einer Kugel formen, in Folie wickeln und 1 Stunde kühl ruhen lassen.

Das Hähnchen innen und außen unter fließendem kaltem Wasser waschen und trockentupfen. Der Länge nach halbieren, salzen, pfeffern und mit Paprikapulver bestreuen.

In einer entsprechend großen Pfanne 2 El Öl erhitzen und die Hähnchenhälften darin rundherum anbraten. Bei 200 °C im vorgeheizten Ofen weitere 30 Minuten braten, dabei hin und wieder mit dem Bratsatz bestreichen. Herausnehmen und abkühlen lassen. Das Fleisch von den Knochen lösen und in Stücke schneiden.

Die Paprikaschoten halbieren, Samen und Trennhäute entfernen und das Fruchtfleisch in 1 cm große Stücke schneiden. Die Tomaten blanchieren, häuten, vierteln, Stielansätze und Samen entfernen und die Viertel quer halbieren. Die Zwiebel und die Knoblauchzehen schälen und fein hacken.

Das restliche Öl in einer Pfanne erhitzen und die Zwiebel- und Knoblauchwürfel darin anschwitzen. Die Paprikastücke 5 Minuten mitdünsten. Tomaten, Zitronensaft, Zimt, Zucker, Salz und Pfeffer zugeben und weitere 3 Minuten mitdünsten. Das Hähnchenfleisch untermischen, vom Herd nehmen und beiseite stellen.

Für die Lasagnette den Teig auf einer bemehlten Arbeitsfläche dünn ausrollen und in 1,5 bis 2 cm breite Streifen schneiden. Die Nudeln in sprudelnd kochendem Salzwasser al dente garen, abgießen und gut abtropfen lassen.

Die Lasagnette unter die Hähnchen-Paprikamischung heben. Alles zusammen 2 bis 3 Minuten erhitzen und mit Oregano und Petersilie würzen.

Eine feuerfeste Form mit Butter einfetten. Die Mischung einfüllen und mit dem Käse bestreuen. Bei 200 °C im vorgeheizten Ofen 10–15 Minuten überbacken, bis die Oberfläche schön gebräunt ist.

Kalbsbraten mit Tasche

ARROSTO DI VITELLO CON TASCA

FÜR 4 PERSONEN

2 kg Kalbfleisch am Stück ohne Knochen
50 g geschälte Maronen
50 g Staudensellerie
1 kleine Zwiebel
1 Bund Petersilie
4 Zweige Rosmarin
10 g Paniermehl
25 g geriebener Parmesan
1 Ei
Salz
Pfeffer
3 El Olivenöl
200 ml Wasser

Das Fleisch an einer Seite tief einschneiden. Maronen, Sellerie, Zwiebel und Petersilie fein hacken sowie 2 Zweige Rosmarin zupfen und klein schneiden. Diese Zutaten mit Paniermehl, Käse und Ei vermischen und mit Salz und Pfeffer würzen.

Die Masse in die Fleischtasche geben und mit einem Faden zuschnüren. Das Fleisch von außen leicht mit Salz und Pfeffer würzen und in einem Bräter mit Olivenöl von allen Seiten anbraten. Unter Zugabe von 200 ml Wasser und dem restlichen Rosmarin zugedeckt bei 140 °C ca. 3 Stunden im Ofen schmoren.

Kalbsfilet mit Sardellen und Kapern

FÜR 4 PERSONEN

8 Sardellenfilets
150 g Thunfisch in Öllake
2 El Olivenöl
Saft von 1 Zitronenecke
1 El Kapern
800 g Kalbsfilet
1 Zwiebel
2 Möhren
75 g Sellerie
1 Lorbeerblatt
4 Wacholderbeeren
4 Nelken
Salz
1/2 Bund Petersilie

Für die Sauce 4 Sardellenfilets zusammen mit dem Thunfisch in einem Mörser zerstampfen. Langsam das Öl einrühren und ein wenig Zitronensaft hinzugeben. Die Sauce soll dünnflüssig sein. Die Kapern unterrühren und die Sauce mehrere Stunden ziehen lassen.

Dann 4 Sardellenfilets in 8 feine Streifen schneiden und das Kalbfleisch damit spicken. Zwiebel halbieren, Möhren in Scheiben schneiden und beides zusammen mit dem Sellerie, dem Lorbeerblatt, den Wacholderbeeren, den Nelken und 1 El Salz in einen tiefen Topf geben.

Mit Wasser begießen, so dass das Fleisch, das später hineinkommt, bedeckt ist.

Das Wasser zum Kochen bringen, das Kalbfleisch hineingeben, 1½ Stunden vorsichtig köcheln, dann gut abtropfen lassen.

Das Fleisch in dünne Scheiben schneiden und diese dicht nebeneinander in eine tiefe Servierschüssel legen. Die Sauce über das Fleisch gießen und das Gericht mit Petersilie garnieren.

Kalbsragout in Barbera

FÜR 4 PERSONEN

1 kg Kalbsschulter
3 Zwiebeln
4 Knoblauchzehen
1 Zweig Rosmarin
3 El Olivenöl
2 El Butter
Salz
Pfeffer
1 El Tomatenmark
1 Lorbeerblatt
½ l Barbera oder ein ähnlich fruchtiger, trockener
Rotwein
⅛ l Sahne
Zucker

Das Fleisch waschen, trockentupfen und in Würfel schneiden. Zwiebeln und Knob-

lauch schälen, die Rosmarinnadeln abstreifen und alles zusammen sehr fein hacken.

Olivenöl in einer Kasserolle erhitzen und die Fleischwürfel darin von allen Seiten braun anbraten. Mit einer Schaumkelle aus der Pfanne nehmen und auf einen Teller geben.

Die Butter in der Kasserolle erhitzen und die Zwiebel-Knoblauch-Rosmarin-Mischung darin unter Rühren andünsten. Wenn die Zwiebeln glasig sind, das Fleisch wieder dazugeben und mit Salz und Pfeffer würzen. Tomatenmark und Lorbeerblatt dazugeben, alles gut durchrühren und langsam den Barbera zugießen, ohne dass das Ragout zu sehr abkühlt.

Danach den Deckel aufsetzen und das Gericht bei kleinster Hitze 1–2 Stunden schmoren. Nach der Garzeit das Fleisch mit der Schaumkelle aus der Pfanne nehmen und warm stellen. Die Sauce bei großer Hitze etwas reduzieren. Sahne zugeben, mit Salz, Pfeffer und Zucker abschmecken und nochmals kurz aufkochen.

Kaninchen in Wermut

FÜR 4 PERSONEN

1 zerteiltes Kaninchen
Salz
Pfeffer
100 g Schalotten
2 Knoblauchzehen
2 rote Paprikaschoten
2 gelbe Paprikaschoten
3 El Olivenöl
1 Tl Estragon
$^1/_8$ l Wermut
200 ml Gemüsebrühe
2 Sternanis

Kaninchen abbrausen, trockentupfen, mit Salz und Pfeffer einreiben.

Schalotten und Knoblauchzehen pellen und in Spalten bzw. Scheiben schneiden. Paprika abbrausen, trockentupfen, putzen, entkernen und längs in Streifen schneiden.

Ofen auf 200 °C vorheizen. Öl in einem Bräter erhitzen. Kaninchenteile darin bei mittlerer Hitze anbraten. Knoblauch, Schalotten, Estragon zufügen. Erst den Wermut, dann 100 ml Brühe zugießen sowie Paprika und Sternanis zufügen. Alles mit Salz und Pfeffer leicht würzen. Kaninchen zugedeckt im Ofen ca. 40. Minuten schmoren. Nach und nach die übrige Brühe zugießen. Fleisch nach etwa 20 Minuten wenden. Nach Ende der Garzeit Kaninchen herausnehmen. Den Fond abschmecken, alles anrichten.

Dazu passt Mangoldgemüse mit Knoblauch und Pinienkernen.

Römischer Lammbraten

FÜR 4 PERSONEN

800 g Lammfleisch aus der Keule
Salz
Pfeffer
1 Tl gemahlener Kardamom
2 El Sonnenblumenöl
1/8 l Lammfond
1/8 l Weißwein
2 El Estragon-Weinessig
2 Sardellenfilets
1 Bund Petersilie
Saft von 1 Zitrone
abgeriebene Schale von 1/2 Zitrone
1 Tl Rosmarin
1 Knoblauchzehe
1 El Speisestärke

Lammfleisch abspülen und trockentupfen. Das Fleisch mit Salz, Pfeffer und dem Kardamom einreiben. Sonnenblumenöl in einem Bräter erhitzen. Das Fleisch darin rundherum anbraten, heißen Lammfond, Wein und Essig zugießen. Einmal aufkochen und bei 220 °C in den vorgeheizten Ofen auf die mittlere Schiene stellen.

50–60 Minuten schmoren, den Braten nach der halben Zeit wenden, eventuell etwas Wasser angießen. Das Fleisch herausnehmen, in 4 Portionen schneiden und warm stellen.
Für die Soße die Sardellenfilets waschen und fein hacken. Petersilie waschen, trocknen und hacken. Den Saft der Zitrone und die abgeriebene Schale in den Bratfond geben und aufkochen. Petersilie mit den Sardellenfilets, dem Rosmarin und der geschälten, in Salz zerdrückten Knoblauchzehe in die Soße geben. Mit Salz und Pfeffer abschmecken.
Speisestärke mit wenig Wasser in einer Tasse glatt rühren. Die Soße damit binden und aufkochen. Einige Minuten köcheln, Soße abseihen, über das Fleisch gießen und sofort servieren.

Leber auf Mailänder Art

Ein sehr einfach zuzubereitendes Gericht, das in der Mailänder Küche seinen festen Platz hat. Vor kurzem habe ich es mit gedünstetem Fenchel probiert – eine raffinierte Kombination!

FÜR 4 PERSONEN

600 g Rinderleber
Salz
Pfeffer
2 Eier
2 El Butter
2 El Olivenöl
Saft von 1 Zitrone

Die Leber in sehr feine Scheiben schneiden, auf einer großen Platte ausbreiten und ganz leicht salzen und pfeffern.

Die Eier aufschlagen und verrühren. Die Leberscheiben durch das Ei ziehen.

In einer großen Pfanne die Butter mit etwas Öl erhitzen. Die Leberscheiben hineingeben und von beiden Seiten bei schwacher Hitze insgesamt ca. 7 Minuten braten. Kurz vor Ende mit Zitronensaft beträufeln.

Die Leber herausnehmen, auf Küchenkrepp abtropfen lassen und sofort servieren.

Kalbshaxe in Gemüseeintopf

OSSOBUCO

1 Kalbshaxe, vom Metzger in Scheiben zersägt
Salz
Pfeffer
Mehl
200 g Möhren
600 g Tomaten
2 Zucchini
1 Aubergine
3 Stangensellerie
2 Zwiebeln
2 Knoblauchzehen
4 El Olivenöl
150 ml Fleischbrühe
150 ml trockener Weißwein
2 Tl Oregano

Fleisch salzen und pfeffern, dann in Mehl wenden.

Möhren putzen, in Scheiben schneiden. Die Tomaten abbrühen, pellen und würfeln. Zucchini, Aubergine und Sellerie waschen und in Streifen schneiden. Zwiebeln und Knoblauch würfeln.

Fleisch in einer Kasserolle in Öl rundum gut anbraten. Gemüse bis auf die Tomaten zufügen, mitschmoren. Brühe und Wein zugießen. Leicht salzen und pfeffern sowie den Oregano zufügen. Aufkochen. Die Tomaten zufügen. Zugedeckt 2 ½ Stunden bei ca. 160 °C im Ofen schmoren.

Putenröllchen mit Parmaschinken in Bohnengemüse

FÜR 4 PERSONEN

800 g Bohnen
Salz
400 g Tomaten
12 Salbeiblätter
4 dünne Putenschnitzel
Pfeffer
8 hauchdünne Scheiben Parmaschinken
4 El Olivenöl

Bohnen waschen, putzen und in kochendem Salzwasser ca. 10 Minuten garen. Abgießen und gut abtropfen lassen.

Die Tomaten abbrühen und pellen, entkernen und in kleine Würfel schneiden. Salbeiblätter abbrausen und trockentupfen.

Fleisch abwaschen und trockentupfen. Dann leicht mit Salz und Pfeffer würzen, jedes Schnitzel mit je 2 Scheiben Schinken und 3 Salbeiblättern belegen. Fest aufrollen und mit Holzspießchen feststecken.

2 El Öl in einer Pfanne erhitzen und die Röllchen darin bei starker Hitze rundherum anbraten. Die Temperatur reduzieren und die Putenröllchen in weiteren ca. 7 Minuten rundherum sanft goldbraun garen.

Übriges Olivenöl erhitzen, Bohnen darin andünsten. Die Tomatenwürfel zufügen, alles mit Salz und Pfeffer abschmecken. Die Geflügelröllchen aufschneiden und mit dem Bohnengemüse auf Tellern anrichten.

Rinderbraten in Sangiovese

FÜR 4 PERSONEN

1,3 kg Rinderbraten
2 Möhren
$^1/_2$ Sellerieknolle
2 Staudenselleriestangen
1 Zwiebel
2 Knoblauchzehen
$^1/_2$ El Rosmarin
1 El Thymian
ca. 1 l Sangiovese (z.B. Chianti)
3 El Olivenöl
Salz
200 ml Fleischfond
1 El Tomatenmark
2 Lorbeerblätter
4 Nelken
1 El schwarzer Pfeffer
70 g Butter

Rindfleisch in eine Schüssel legen. Möhren, Sellerie und Staudensellerie in kleine Würfel schneiden sowie Zwiebel und Knoblauch pellen und hacken. Mit Rosmarin und Thymian über dem Fleisch verteilen. Rotwein zugießen, so dass das Fleisch bedeckt ist. Schüssel zugedeckt im Kühlschrank ca. 12 Stunden marinieren.

Marinade absieben und beiseite stellen, ebenso das Mariniergemüse.

Das Fleisch gut abtrocknen und in einer Kasserolle mit Olivenöl bei mäßiger Hitze etwa 15 Minuten von allen Seiten anbraten. Fleisch beiseite stellen und mit Salz würzen.

Das Mariniergemüse im heißen Öl andünsten und mit der Marinade ablöschen. Fleischfond, Tomatenmark, Lorbeerblätter, Nelken und Pfeffer dazugeben und bei hoher Hitze zur Hälfte einkochen. Das Fleisch in den Sud legen und zugedeckt ca. 3 Stunden auf der untersten Schiene des Backkofens bei 100 °C garen.

Danach das Fleisch herausnehmen. Unter Zugabe der Butter und unter ständigem Rühren die Soße kurz aufkochen.

Sardisches Huhn

1 Huhn (ca. 1,5 kg)
200 g Hühnerleber
1 El Butter
1 El Olivenöl
1 Lorbeerblatt
200 g Paniermehl
300 g Tomaten
2 Eier
80 g geriebener Pecorino
2 El Rosinen
50 ml Milch
Salz
Pfeffer
1 hart gekochtes Ei
Saft von 1/2 Zitrone
200 ml Hühnerbrühe

Das Huhn sorgfältig waschen und abtrocknen. Die Hühnerleber säubern, waschen und klein hacken.

Die Butter mit etwas Öl in einer Pfanne erhitzen. Hühnerleber und Lorbeerblatt hineingeben und 2 Minuten kräftig anbraten. Dann das Paniermehl hinzufügen und 5 Minuten auf kleiner Flamme weiter schmoren.

Die Tomaten abbrühen, pellen und in dünne Scheiben schneiden. Die Scheiben in die Pfanne geben und weitere 5 Minuten mitschmoren. Die Pfanne vom Feuer nehmen und 10 Minuten abkühlen lassen. Die rohen Eier, den Pecorino, die Rosinen und die Milch hinzufügen. Alles sorgfältig vermischen, salzen und pfeffern.

Das Huhn mit der Mischung füllen und das harte Ei in die Mitte geben.

Eine feuerfeste Form einölen, das Huhn hinein legen und 50–60 Minuten im auf 200 °C vorgeheizten Ofen braten, dabei nach und nach mit Zitronensaft und heißer Brühe beträufeln.

Schweinefilet in Balsamico

10 kleine Salbeiblätter
$^1/_2$ El Olivenöl zum Marinieren
1 Knoblauchzehe
800 g Schweinefilet
Salz
Pfeffer
1 El Olivenöl zum Braten
50 g Butter
2 El Balsamico

Die Salbeiblätter mit einer Schere fein schneiden, in etwas Olivenöl legen und den geschälten Knoblauch dazupressen. Das Schweinefilet reichlich mit der Mischung einreiben. Alles zugedeckt ca. 1 Stunde lang im Kühlschrank ziehen lassen.
Danach den Backofen auf 190 °C vorheizen. Das Fleisch 1 Stunde vor der Zubereitung aus der Kälte nehmen und Raumtemperatur annehmen lassen. Das Filet leicht salzen und pfeffern. Das schmale Endstück so weit umklappen, bis das gesamte Fleischstück gleich dick ist. Mit Küchenfaden fixieren.

Öl und die Hälfte der Butter in einer Bratpfanne erhitzen. Das Fleisch anbraten, mit Balsamico ablöschen und zugedeckt in den Backofen schieben. Ca. 15–20 Minuten braten. Das Fleisch alle paar Minuten mit der Balsamico-Soße übergießen und langsam glacieren.

Das Fleisch aus dem Ofen nehmen und mit Alufolie leicht bedeckt ruhen lassen. Die restliche Butter in einer zweiten Pfanne kurz aufschäumen lassen. In der Zwischenzeit das Fleisch in Scheiben schneiden. Diese – samt ausgelaufenem Saft – auf einer heißen Platte anrichten. Die Balsamico-Soße darum herum gießen und alles mit der aufgeschäumten Butter überträufeln. Sofort servieren.

Als Beilage empfehle ich gedünsteten Brokkoli mit gerösteten Mandeln und Salzkartoffeln.

Wildschweinrücken aus der Maremma

4 Möhren
4 Zwiebeln
4 Stangen Staudensellerie
4 Knoblauchzehen
4 Zweige Rosmarin
10 Blätter Salbei
1 Bund Thymian
1 Bund Petersilie
1 l trockener Rotwein
1 kg Wildschweinrücken
2 El Olivenöl
650 g Tomaten
Salz
Pfeffer

Möhren, Zwiebeln, Sellerie und Knoblauchzehen putzen und fein hacken. Kräuter ebenfalls hacken.

Die Hälfte des Gemüses und der Kräuter mit ½ l Rotwein mischen und in eine Schüssel geben. Das Wildschweinfleisch in 4 gleichgroße Stücke schneiden und in die Marinade legen. Zugedeckt etwa 12 Stunden ruhen lassen.

Das Fleisch aus der Marinade nehmen und kurz abwaschen. Die Marinade wird aufgrund ihres sauren Geruchs nicht weiter verwendet.

Olivenöl in einer Pfanne erhitzen und das restliche Gemüse und die Kräuter darin dünsten. Tomaten abbrühen, pellen und die Stielansätze entfernen.

Das Fleisch kurz anbraten, mit dem restlichen Rotwein ablöschen. Dann die geschälten Tomaten hinzugeben, salzen und pfeffern und auf kleiner Flamme ca. 2 Stunden zugedeckt schmoren.

Nachspeisen und Gebäck

Nachspeisen und Gebäck

Die Italienische Küche ist überreich an Desserts und Süßspeisen. Jede Region hat ihre eigene Spezialität. Und mit großem Stolz werden nur die frischesten Produkte zur Herstellung einer solch verführerischen Köstlichkeit verwendet.

„Dolce" werden zu festlichen Anlässen oder einfach nur zur Freude der Familie und der Gäste von den italienischen Köchinnen und Köchen als krönender Abschluss eines Menüs auf den Tisch gebracht.

Tiramisù

FÜR 4–6 PERSONEN

Für die Biskuitschicht:
2 El Zucker
¹/₄l heißer Kaffe (stark)
2 El Amaretto
100 g Löffelbiskuits

Für die Creme:
4 Eigelb (frische Eier)
300 g Mascarpone (ital. Frischkäse)
2 El Kakaopulver

Den Zucker in dem heißen Kaffee auflösen und abkühlen lassen.
Dann den Mandellikör dazugeben und die Hälfte der Löffelbiskuits in diese Mischung einlegen. Eine rechteckige Backform mit der Häfte der getränkten Biskuits auslegen.

Für die Creme die Eidotter zusammen mit dem Zucker in einem warmen Wasserbad zu einer cremigen Masse aufschlagen. Den Mascarpone unterrühren.

Die Hälfte der Creme auf die Biskuits geben. Eine weitere Lage Löffelbiskuits auflegen und mit der restlichen Creme bedecken.
Das Tiramisù im Kühlschrank in 3–5 Stunden fest werden lassen.

Die kalte Nachspeise wird vor dem Servieren reichlich mit Kakaopulver bestäubt. Mit einem Spatel sticht man rechteckige Portionen aus und reicht diese auf Kuchentellern.

Diese typische Nachspeise sollte bis zum Servieren unbedingt im Kühlschrank stehen.
Dazu kann man einen süßen Wein oder ein Glas Prosecco reichen.

Apfelsalat

200 ml saurer Halbrahm (15 % Fettgehalt)
2 El Zucker,
2–3 El Zitronensaft
2 El Rosinen
4 säuerliche Äpfel
gehackte Haselnüsse

Den sauren Halbrahm, Zucker, Zitronensaft und Rosinen zu einer Soße verrühren.

Die 4 Äpfel werden gewaschen und mit der Schale als kleine Stücke direkt in die Soße hineingeschnitten.

Sofort umrühren und anrichten. Mit Haselnüssen garnieren und in Portionsschalen servieren.

Feigen mit Zitronencreme

8 reife Feigen
ca. 5 El Grand Marnier
300 g Crème fraîche
4 El Akazienhonig
abgeriebene Schale von
1 unbehandelter Zitrone,
2 El Zitronensaft
Zimt

Für die Zitronencreme Crème fraîche, Akazienhonig, Zitronenschale, Saft und 2 El Grand Marnier verrühren. Die Creme über den Feigen verteilen und mit wenig Zimt bestäuben.

Kühl servieren!

Tipp:
Statt Grand Marnier kann auch Portwein verwendet werden. Der Akazienhonig kann durch normalen Zucker und die Crème fraîche durch Schlagrahm oder Mascarpone ersetzt werden.

Die Feigen schälen, halbieren und auf Dessertteller legen. Mit etwas Grand Marnier beträufeln.

Früchtegratin mit Mascarpone

FÜR 4 PERSONEN

Für die Creme:
300 g Mascarpone
2 Eigelb (frische Eier)
Saft von 1 Zitrone
60 g Zucker
2 El Honig
2 El Milch
3 El Sahne

Früchte;
500–600 g gemischte Früchte, z. B.
Birnen, Trauben, Nektarinen, Aprikosen, Äpfel u. ä.
1 El Likörwein (z.B. Floriovo)

Die Zutaten für die Creme zusammen in eine Schüssel geben und glattrühren. In der Zwischenzeit den Backofen auf 200 °C Oberhitze vorheizen.

Die gewaschenen Früchte je nachdem schälen, entkernen und in kleine Stücke schneiden.

Die Früchte dann in eine Auflaufform legen und nach Belieben mit Likör beträufeln.

Die Marcarponecreme jetzt auf die Früchte verteilen.

Das Gratin wird nun im Backofen mit Oberhitze 8–10 Minuten gratiniert.

Das fertige Früchtegratin wird in der Form sofort warm serviert.

Früchtedessert

FÜR 4 PERSONEN
3 Orangen
3 Bananen
2 saure Äpfel
1 Grapefruit
4–5 Datteln
200 ml saurer Halbrahm (15 % Fett),
2–3 El Zucker
2 El Zitronensaft
1 Handvoll Baumnusskerne
(wahlweise Haselnüsse oder Mandeln)

Die Früchte schälen und klein schneiden. Dann werden die Datteln entsteint und halbiert. Die Früchte in einer Glasschale anrichten.

Den Halbrahm mit dem Zucker und dem Zitronensaft zusammen anrühren und über die Früchte gießen. Die Nüsse werden sorgfältig gehackt und über dem Dessert verteilt.

Himbeer-Creme-Schnitten

FÜR 4–6 STÜCK

Limonencreme:
abgeriebene Schale sowie Saft von 2 Limonen,
2 Eier,
35 g Maizena (Maisstärke),
100 g Zucker,
200 ml Wasser,
200 ml Rahm

Glasur:
2–3 Esslöffel Eiweiß
100 g Puderzucker

Blätterteig:
1 fertig ausgewallter, rechteckiger Blätterteig
aus dem Handel

Füllung:
250 g Himbeeren

Alle Zutaten bis auf den Rahm in eine Pfanne geben und unter ständigem Rühren einmal kurz aufkochen. Dann die Pfanne vom Herd nehmen und die Creme unter gelegentlichem Rühren erkalten lassen. Den Rahm steif schlagen und sorgfältig unter die Creme heben. Im Kühlschrank für einige Stunden ruhen lassen.

Glasur: Eiweiß etwas verquirlen und dann mit dem Puderzucker zu einer dickflüssigen Masse verrühren.

Blätterteig: Den ausgewallten Blätterteig mehrmals mit einer Gabel einstechen und 10 Minuten bei 220 ° C backen. Den Teig dann in 4 gleich große Streifen schneiden und 2 davon noch warm mit der vorbereiteten Glasur bestreichen.

Cremeschnitten: Die Hälfte der Limonencrème auf den beiden unglasierten, erkalteten Teigstreifen ausstreichen, mit Beeren belegen und mit der restlichen Masse bedecken. Die glasierten Teigstücke als Deckel auf die Crèmeschnitten legen. Für einige Zeit im Kühlschrank lagern und erst dann in jeweils 2–3 Stücke schneiden.

Weinschaumcreme (Zabaione)

FÜR 4 PERSONEN

---

6 Eier,
80 g Zucker
abgeriebene Schale von 1 unbehandelten Zitrone
250 ml Marsala

Eier, Zucker und Zitronenschale in eine dünnwandige Schüssel geben und mit dem Schwingbesen so lange rühren, bis die Masse hell ist. Dann den Marsala unterrühren und im knapp siedenden Wasserbad zu einem festen Schaum schlagen.

Sobald der Schaum fest ist, die Schüssel aus dem Wasserbad nehmen und den Schaum weitere 2 Minuten schlagen. Sofort in 4 bereitgestellte Gläser füllen und servieren.

Genueser Creme

FÜR 6–8 PERSONEN

---

5 Eier
1 Eigelb
200 g Zucker
50 g Maisstärke (Maizena)
1 l Milch
1 Vanillestängel
1 Tl Anissamen
2–3 El brauner Zucker

Eier und Eigelb mit dem Zucker in einer genügend großen Schüssel zu einer sämigen Creme aufschlagen. Die Maisstärke mit etwas kalter Milch anrühren und mit der restlichen Milch in eine Pfanne geben.

Den Vanillestängel halbieren, der Länge nach aufschlitzen und zur Milch geben. Die Milch dann unter ständigem Rühren aufkochen. Die heiße Milch anschließend unter Rühren durch ein feines Sieb gießen und in die Eiercreme einrühren. Die Milchpfanne allenfalls kurz ausspülen.

Die Masse dann wieder in die Pfanne geben und unter ständigem Rühren wieder kurz aufkochen. Die Creme dann in 6–8 kalt ausgespülte, feuer-feste Portionsförmchen gießen und abkühlen lassen. Die Förmchen bis zum Karamellisieren mit einer Alufolie abdecken und in den Kühlschrank stellen.

Die Förmchen etwa eine halbe Stunde vor dem Karamellisieren ins Tiefkühlfach stellen, damit sie anschließend nicht zu warm werden. Zum Karamellisieren den Ofen in der Grillfunktion auf 250 °C vorheizen, die Creme mit braunem Zucker bestreuen und sofort im oberen Drittel des Ofens 5–8 Minuten überbräunen. Der Zucker sollte dabei leicht flüssig und hellbraun werden. Sofort servieren.

Tipp:

Die Creme kann bereits am Vortag zubereitet werden. Nur das Karamellisieren sollte unmittelbar vor dem Servieren erfolgen. Das übrig bleibende Eiweiß kann für die Zubereitung der traditionell zur Genuesischen Creme gerichteten Mandelziegel verwendet werden.

Zuppa inglese

Biskuit:
3 Eier, getrennt
1 Prise Salz
90 g Zucker
90 g Mehl

Creme:
500 ml Milch,
1 Vanillestängel,
1 ½ El Maisstärke (Maizena)
1 Ei
3 Eigelb
3 El Zucker

Schokoladenfüllung:
150 g dunkle Schokolade
3 El Wasser
1 El Rum

Zum Einfüllen der Form:
3 El Rum und 3 El Alchermes
(roter florentinischer Gewürzlikör;
kann auch durch Rum ersetzt werden)

Meringuemasse:
3 Eiweiß
1 Prise Salz
5 El Zucker

Biskuit: Ofen auf 240 °C vorheizen. Das Eiweiß zusammen mit einer Prise Salz steif schlagen. Dann den Zucker in 2 Etappen darunter schlagen. Die 3 Eigelb unter die Masse ziehen. Ein Backblech mit Backpapier belegen und die Masse darauf ausstreichen. 5 Minuten auf mittlerer Schiene backen. Den Bisquit dann zusammen mit dem Backtrennpapier auf den Tisch heben,

mit dem Blech zudecken und auskühlen lassen.

Creme: Vanillestängel halbieren und die Stücke dann der Länge nach aufschlitzen. In eine Pfanne geben und die Milch, die Maisstärke, das Ei, die 3 Eigelb und den Zucker zugeben und mit einem Schneebesen gut vermischen. Dann unter ständigem Rühren kurz aufkochen. Die Pfanne vom Herd nehmen und noch einige Zeit weiter rühren. Die Creme dann durch ein Sieb gießen und an einen kühlen Ort stellen.

Schokoladenfüllung: Die Schokolade zerkleinert in eine Schüssel geben. Wasser und Rum zugeben und die Schokolade in einem nicht zu heißen Wasserbad in der Schüssel schmelzen lassen. Wenn die Schokolade geschmolzen ist, glatt rühren und leicht auskühlen lassen. Dann den Rahm steif schlagen und darunter ziehen.

Meringuemasse: Das Eiweiß zusammen mit dem Salz steif schlagen. Den Zucker zufügen und die Masse weiter schlagen, bis sie glänzt.
Füllen der Form: Biskuits passend für eine feuerfeste Form teilen und eine erste Lage auf den Boden der Form legen. Den Biskuit mit Rum beträufeln und mit der Creme bestreichen. Dann die zweite Hälfte des Biskuits auf die Creme legen und mit Alchermes oder Rum beträufeln. Anschließend mit der Schokoladenfüllung und mit der Meringuemasse bestreichen. Nach Belieben mit einer Gabel ein Muster anbringen.
Backen: Den Backofen auf 250 °C vorheizen. Die Form auf der untersten Schiene in den Ofen schieben und etwa 6 Minuten überbacken.

Tipp: Das Dessert kann bereits am Vortag zubereitet werden. Bis zum Servieren kühl stellen.

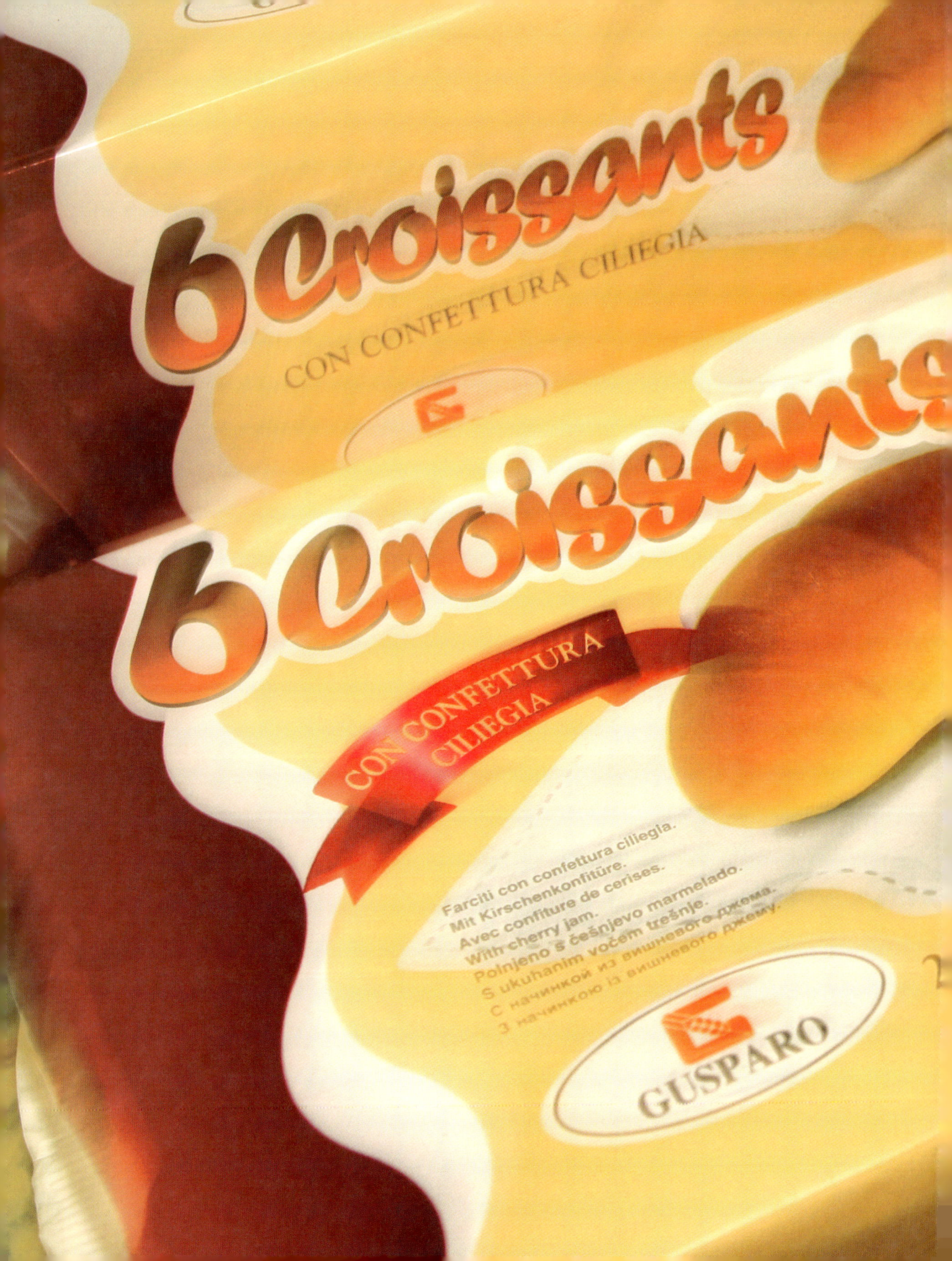

Die Küche der Regionen

Die italienische Küche setzt sich aus ganz verschiedenen Regionalküchen zusammen, die ihre eigenen Vorlieben und Spezialtiäten haben. Im Mittelpunkt stehen die jeweiligen Erzeugnisse der Region.

Piemont und Aostatal

Norditalien bietet in seiner Küche, die mit der französischen stark verbunden ist, viele kulinarische Leckerbissen. Dazu gehören die geliebten Kuchen, Gebäck und Desserts. Wurst und Salami aus Gänse- oder Schweinfleisch sind berühmt. Butter wird hier häufiger zum Kochen verwendet als Olivenöl.

Lombardei

Auch hier werden Butter und Sahne großzügig verwendet. Nicht zuletzt die Verarbeitung zahlreicher berühmter Käsesorten wie Taleggio, Gorgonzola und Mascarpone machen die Küche so delikat und vielfältig.

Ligurien

Ligurien war für kurze Zeit ein Teil von Frankreich. Der französische Einfluss ist noch immer spürbar: Viele ähnliche Gerichte finden sich in der benachbarten Provence wieder. Das „klassischste" unter ihnen ist Pesto, diese wundervolle grüne Soße aus Basilikum, Pecorino und Pinienkernen. Ligurien ist das Land des Öls, der Kräuter und des Fisches. Pasta ist sehr beliebt; die großen Nudel-Favoriten sind Linguine und Trenette.

Trentino und Südtirol

In dieser bergigen und waldreichen Region werden Schweine gezüchtet. Daher wird dieses Fleisch auch gerne verwendet. Man sammelt hier Pilze und auf den Feldern wachsen Getreidearten wie Weizen, Buchweizen und Roggen. Auch Gnocchi und Polenta werden häufig gegessen. Man liebt Sahne und Käse und nicht zuletzt Forellen, die aus den Gebirgsflüssen der Region stammen.

Venetien

In seiner einstigen Rolle als bedeutende Handelsstadt hat Venedig kulinarische Einflüsse und Zutaten aus der ganzen Welt übernommen, vor allem aus Arabien. Sehr viele Gerichte basieren auf Fisch und Meeresfrüchten, aber auch Schwein, Geflügel und Wild spielen eine große Rolle. Beliebt sind Reis, Bohnen und Gemüse – mit Radicchio trevisiano als berühmtestem Vertreter.

Friaul und Julisch-Venetien

Der sanft gereifte San-Daniele-Schinken wird hier produziert. Polenta ist der absolute Favorit als Beilage zu gegrilltem Wild. Alle bevorzugten Gerichte des Nordens wie Kartoffelgnocchi, Bohnensuppe, Fleisch- und Wildeintöpfe, Risotto und Kuchen sowie Gebäck im Stil des benachbarten Österreichs sind hier zu Hause.

Emilia-Romagna

Dies ist das Paradies für Feinschmecker mit einer reichhaltigen Küche, die von den drei „P's" – Pasta, Parmesan, Prosciutto – dominiert wird. Tomaten gibt es hier im Überfluss, ebenso wie Wurstwaren, z. B. die berühmte Mortadella. Der aus Modena stammende Aceto Balsamico wird gerne verwendet. Zudem liebt man Fischsuppen über alles.

Toskana

Die toskanische Küche ist rustikal und einfach. Fleisch wird über offenem Holzfeuer gegrillt. Als Geschmacksverfeinerer verwendet man Wein, Salbei, Rosmarin und Basilikum. Wildschwein,

Hase und Fasan schmecken ausgezeichnet, ebenso die Gerichte mit frischen Pilzen. Die Toskana ist ein Hauptanbaugebiet von Oliven; die Öle dieser Region zählen zu den besten Italiens. In dieser robusten Regional-Küche spielen Pecorino, Bohnen und Brot eine wichtige Rolle.

Umbrien

Die Region im Landesinnern besitzt eine ähnlich einfache Küche wie die Toskana. Bei den Gerichten besinnt man sich gerne auf die Jahreszeiten. So gibt es im Herbst reichlich Pilze und Wild. Produkte aus Schweinefleisch wie Würste, Salami und Schinken werden hoch geschätzt. Die beliebteste Art des Garens ist das Grillen.

Marken

An der Adria-Küste liegt diese ruhige und ländliche Region, die reich an verschiedenen Trüffel-Arten und Waldpilzen ist. Hier wird Pecorino aus Schafsmilch hergestellt. Polenta genießt man bevorzugt mit Fleischsoße und Gemüse, etwa Tomaten. Artischocken und Saubohnen wachsen hier neben wildem Fenchel und großen grünen Oliven. Auch Fischsuppen erfreuen sich in Marken großer Beliebtheit.

Abbruzzen und Molise

Auch dies ist eine ruhige, ländliche Gegend mit Bergen und Tälern, in der mit Vorliebe Lamm, Schinken und Salami, Wild, Käse und Pilze gegessen werden. Einige der besten Linsensorten Italiens wachsen hier.

Latium

Hier wird einfach gekocht, unter Verwendung von Olivenöl, Wein, Knoblauch und Rosmarin. Pasta spielt eine wichtige Rolle. Milchlamm wird entweder am Spieß gegrillt oder auf kleiner Flamme mit Wein und Wacholder gegart. Bevorzugte Gemüsearten sind Artischocken und Saubohnen.

Kampanien

Neapel bildet den Mittelpunkt dieser Region, Teil des eher armen Südens von Italien. Öl wird immer verwendet und Pasta sogar bis zu zweimal täglich gegessen. Hier ist die Heimat der Pizza, hingegen isst man eher wenig Fleisch, mit Ausnahme von Lamm, das bei Festen zubereitet wird. Gebäck wird gerne mit gesüßtem Ricotta, Mandeln, kandierten Früchten, Rosinen und Pinienkernen gefüllt und mit Orangenblütenwasser aromatisiert.

Apulien und Basilikata

Apulien ist der „Absatz" des italienischen Stiefels und die Heimat der Olivenhaine. Brot und Pasta sind wichtige Bestandteile der einfachen Küche. Tomaten lässt man an der Sonne trocknen, Gemüse wird eingelegt. Käse und Mozzarella werden täglich frisch hergestellt, damit sie die Hitze überstehen. Die benachbarte Region Basilikata ist ebenfalls für ihre Pasta und mit Chili gewürzte Gerichte bekannt.

Kalabrien und Sizilien

Kalabrien ist die „Schuspitze" Italiens und spiegelt in seiner Küche arabische Einflüsse wider. Fisch wird mit Pinienkernen und Rosinen zubereitet, Nachspeisen werden mit Honig, Mandeln und Orangenblüten aromatisiert. Tomaten und Auberginen in Kombination mit Ricotta gelten als typische Spezialität. Oliven und Olivenöl sind im Überfluss vorhanden, ebenso alle Zitrusfrüchte.

Sardinien

Die Sarden bauen Hartweizen und Obst an. Gerne genießt man hier über offenem Feuer gebratenen Fisch. Myrte-Blätter werden gerne zum Würzen verwendet; Pilze, Fenchel und wilder Spargel wachsen überall. Eine Spezialtitä dieser Region ist der Pecorino.

Glossar

Aceto Balsamico
Sehr aromatischer, intensiver und dunkelbrauner Weinessig. Nur der Essig aus den Provinzen Modena und Reggio Emilia darf sich Aceto Balsamico nennen. Zur Herstellung werden die reifen Trauben in der Sonne getrocknet. Nach dem Keltern muss er wenigstens 3 Jahre im Holzfass reifen.

Al dente
Werden Teigwaren, Reis und Gemüse al dente gegart, bezeichnet man damit ihre Konsistenz , die noch bissfest sein muss.

Baccalà
Luftgetrockneter Kabeljau. Er wird zur Haltbarmachung ohne Kopf und Innereien gesalzen und mehrere Tage getrocknet. Er muss vor dem Verzehr bis zu 24 Stunden in Wasser quellen. Dabei muss das Wasser oft gewechselt werden.

Basilikum
Das würzige Kraut hat leuchtend grüne Blätter. Mit seinem aromatischen Geschmack passt es hervorragend zu Tomaten und Mozzarella (Caprese). In der Pesto Genovese ist es der Geschmacksbringer überhaupt. Verwenden Sie es möglichst frisch. So kommt sein kräftiger Geschmack voll zur Geltung.

Bel Paese
Ein Kuhmilchkäse von mildem, leicht buttrigen Geschmack. Er ist ein weicher, aber dennoch schnittfester Käse aus der Lombardei. Er hat eine kaum spürbare Rinde und lässt sich gut im Kühlschrank lagern.

Bollito Misto
Berühmter herzhafter Siedfleischeintopf aus verschiedenen Fleischsorten. Es gehören Rindfleisch, Kalbskopf, ein gefüllter Schweinefuß (Zampone), Kalbszunge, und eine Kochwurst (Cotechino) hinein. Das Fleisch wird nach dem Kochen aufgeschnitten und mit drei kalten Soßen serviert.

Bruschetta
Brotscheiben, die nach dem Rösten mit frischem Knoblauch eingerieben und mit feinstem Olivenöl beträufelt werden. Wird oftmals zusätzlich mit frischen gehackten Tomaten belegt.

Carpaccio
Hauchdünn aufgeschnittenes, rohes Rinderfilet. Eine Erfindung des Signor Cipriani, des Besitzers der berühmten venezianischen „Harry's Bar". Das Fleisch wird mit einer leichten Soße aus Salz, Pfeffer, Zitronensaft und Olivenöl beträufelt. Bei Tisch wird frisch gehobelter, alter sardischer Pecorino darüber gestreut.

Cassata
Ursprünglich ein sizilianischer Osterkuchen aus Ricotta, in Alkohol getränktem Biskuit, Nüsse, kandierten Früchten, Zitronat und Orangeat. Heute wird unter diesem Namen auch eine Eistorte angeboten.

Ciabatta
Ein luftig gebackenes Weißbrot. Der Teig wird mit Olivenöl zubereitet. Oftmals werden dem Brot Olivenstückchen, Rosmarin oder Walnüsse zugesetzt. Es hat eine helle, knusprige Kruste.

Crostini

Geröstetes dunkles Brot. Es wird gerne mit gebratenen Leberstückchen oder kräftig gewürzter Wurst serviert. Die so belegten Brotscheiben werden z. B. als Antipasto gereicht.

Fontina

Ein vollfetter, gut schnittfähiger milder Käse aus Kuhmilch. Er wird in etwa 8-10 kg schweren, großen flachen Laiben angeboten. Er schmeckt mildwürzig und schmilzt wegen seines hohen Fettgehaltes leicht. Er eignet sich vorzüglich für Käsecremes, Fondues und zum Überbacken.

Frittata

Ein würziger Eierkuchen, der mit Gemüsestückchen oder Fleischresten von beiden Seiten in der Pfanne gebacken wird. Er ist der spanischen Tortilla sehr ähnlich.

Gorgonzola

Der Gorgonzola ist ein halbweicher Edelpilzkäse, der mit Schimmelpilzen geimpft wird. Dadurch erhält er während der Reifezeit seine charakteristische grünbläuliche Aderung. Er ist einer der berühmtesten Tafelkäse Italiens. Er wird oft mit Trauben, Birnen und Walnüssen zum Dessert serviert.

Grana Padano

Das ist der kleine Bruder des Parmigiano Reggiano und wird leider zu oft mit ihm verwechselt. Er hat die gleiche körnige Struktur und einen ähnlichen Fettgehalt. Der Käse wird aus Kuhmilch hergestellt und eignet sich als Reibekäse zum Würzen von Spaghetti. Allerdings ist er nicht so pikant im Geschmack wie der Parmigiano.

Grissini

Fast 30 cm lange, dünne, knusprige Brotstangen. Sie stehen in Italien auf jedem Restauranttisch. Sie sind zu zweit verpackt und werden als kleine Häppchen zwischendurch, zu den Antipasti oder den einzelnen Speisen gegessen.

In Umido

Wird auf einer Speisekarte ein Gericht mit dieser Zubereitungsart angekündigt, können Sie etwas zart Geschmortes erwarten. Man findet diese Zubereitungsart bei Fleischgerichten und Gemüse.

Knoblauch

Er verfeinert fast jedes italienische Gericht. Ob Suppen, Soßen, Pizze, Eintöpfe oder Pasta, er gehört überall dazu. Seien sie beim Einkauf der Knoblauchknollen wählerisch. Es gilt folgende Regel: Je größer die einzelnen Zehen sind, umso süßer ist der Knoblauch im Geschmack. Sind die Zehen klein, sind sie häufig bitter und scharf. Ist der Knoblauch noch jung und frisch, ist er unaufdringlich im Geschmack. Dieser Knoblauch gehört in eine Pesto Genovese.

Majoran

Kleinblättriges, würziges Küchenkraut. Es ist im Geschmack etwas milder als Oregano. Seine leicht bittere Note verleiht Gemüse, Kartoffelgerichten und Suppen eine fein würzige Note.

Mascarpone

Der Doppelrahmfrischkäse überhaupt. Ohne ihn gelingt keine Tiramisù. Oftmals wird er als Sahneersatz verwendet. Füllungen für Ravioli oder Cannelloni werden wunderbar cremig, wenn für ihre Bindung Mascarpone verwendet wird.

Miesmuscheln

Längliche, blauschwarze Muscheln, die eine Größe von etwa 6 cm erreichen. Mit Kräutern und Wein gekocht, mit Tomatenmus überbacken, in Fischsuppen oder frittiert sind sie immer wieder ein Bestandteil der italienischen Tafel.

Minestrone

Gehaltvolle, würzige Gemüsesuppe. Wird je nach Region mit Nudeln, Fleisch oder Hülsenfrüchten zubereitet

Mortadella

Mortadella ist eine große, leicht geräucherte Wurst aus Schweinefleisch. Die eingearbeiteten Speckwürfel und die ganzen Pfefferkörner verleihen ihr ein köstliches Aroma. Sie wird hauchdünn aufgeschnitten und passt wunderbar zu Salat und Brot.

Mozzarella di Buffala

Ein milder weißer Käse ohne Rinde. Die Originalrezeptur schreibt zur Herstellung Büffelmilch vor. Er wird heute zum großen Teil aus Kuhmilch hergestellt. Er ist Hauptbestandteil für die würzige Caprese, bestehend aus Tomaten, Basilikum und Mozzarella, die über alle regionalen Grenzen zu jeder Vorspeisentafel gehört.

Olivenöl

Gehaltvolles Speiseöl aus den Früchten des Olivenbaums. Die größten Erzeugerregionen sind die Toskana und Ligurien. Um den Geschmack feinsten Olivenöls zu erleben, sollte man das „Olio di oliva extra vergine" (naturreines, nicht raffiniertes Öl aus erster Pressung) verwenden. Die Früchte selber sind pur, entsteint und mit Knoblauch oder Kräutern mariniert ein herzhafter Snack.

Oregano

Oft auch als „wilder Majoran" bezeichnet. Es ist eines der wenigen Kräuter, das keine Mischung mit anderen Kräutern benötigt. Es ist sehr intensiv und dominant im Geschmack. Seine Verwendung findet es auf Pizza, Soßen und in Füllungen für Teigwaren. Es passt hervorragend zu geschmortem Schweinefleisch.

Ossobuco

In Scheiben geschnittene, geschmorte Kalbshaxe. Nach Mailänder Art zubereitet gehört sie zu den bei uns bekanntesten italienischen Fleischgerichten.

Pancetta

Luftgetrockneter Bauchspeck. Sein herzhafter Geschmack findet in vielen Eintöpfen seine Verwendung. Er wird in groben Würfeln oder in dickeren Scheiben mitgekocht.

Parmigiano Reggiano

Der wohl bekannteste italienische Parmesankäse. Der aus der Emila-Romagna stammende Hartkäse aus Kuhmilch wird nicht in Scheiben geschnitten, sondern mit einem Spezialmesser vom Käselaib gebrochen. Er rundet frisch gerieben jedes Nudelgericht auf das vorzüglichste ab. Er mundet allerdings auch in kleinen Stückchen genossen als Dessert zu einem Rotwein.

Prosciutto di Parma

Er ist nur echt mit seinem Brandstempel mit der fünfzackigen Herzogskrone. Luftgetrocknet wird er hauchdünn aufgeschnitten und mit frischem Pfeffer aus der Mühle bestreut ist er ein Hochgenuss. Seinen delikaten Geschmack verdankt er der würzigen Luft der Emilia-Romagna, wo er in hohen luftigen Schinkenhäusern etwa 12 Monate seinem einzigartigen Geschmack entgegenreift.

Risotto

Eine Reisraffinesse aus der Poebene. Hier liegt das größte Reisanbaugebiet Italiens. Die bekanntesten Rundkornreissorten sind der Arborio, Carnaroli und Vialone. Aus ihnen lassen sich die wunderbarsten Risottos zubereiten. Der Reis wird in Butter und Zwiebeln angebraten und über lange Zeit mit Bouillon aufgegossen, bis er eine cremige Konsistenz hat. Zum Schluss wird mit Parmigiano Reggiano abgeschmeckt.

Steinpilze

Nach Trüffeln der wohl begehrteste Speisepilz. Er ist der meistverwendete Pilz in Italien. In den Herbstmonaten werden sie in großen Mengen auf den Märkten frisch angeboten. Getrocknet sind sie ganzjährig erhältlich. In diesem Zustand entwickeln sie ein besonders kräftiges Aroma.

Tintenfische

Oberbegriff für alle Kopffüßler. In den italienischen Küstengebieten werden Seppia, Calamaro und Polpo gerne in Gerichten mit Meeresfrüchten verarbeitet. Die Tinte der Tiere lässt sich zum Färben von Teigwaren verwenden.

Trüffel

Die besten Trüffel kommen aus Italien. Der Tartufo Bianco/Tartufi di Alba (weißer Trüffel) aus dem Piemont ist der teuerste von allen. Mit diesen unterirdischen Köstlichkeiten werden aus einfachen Pastagerichten und Salaten kulinarische Hochgenüsse.

Zuppa Inglese

Die englische Suppe ist ein köstliches Dessert aus mit Kirschwasser getränkten Löffelbiskuits, die in einer Milchcreme mit kandierten Früchten unter einer Baisermasse überbacken serviert wird. Man findet dieses üppige Dessert auch unter dem Namen „Zuppa Romana".

Register

Register

A

Antipasti 42
Apfelsalat 152
Artischocken, kleine mit Nudeln 95
Anchovis, Tagliatelle mit 103

B

Bandnudeln mit Fleischklößchen 86
Bohnensalat, umbrisch 50
Brotsuppe, umbrisch 63

C

Carpaccio vom Rind 45
Chilinudeln mit Zucchini 89
Crème, genueser 158

E

Endiviensuppe mit Croûtons 66
Entenragout, Risotto mit 72

F

Feigen mit Mailänder Salami 46
Feigen mit Zitronencreme 152
Fenchel, Gurkensalat mit 52
Fische und Meeresfrüchte 110
Fleisch und Geflügel 124
Fleischtopf, genueser 112
Fleischklösschen, Bandnudeln mit 86
Früchtedessert 153

Früchtegratin mit Mascarpone 153
Fussilimit Schinkensoße 91

G

Gänsebraten mit herzhafter Wurst- und
Salamifüllung 128
Garnelen in Zucchini 116
Gebäck und Nachspeise 148
Geflügel und Fleisch 124
Gefüllte Tomaten mit Oliven und Kapern . . 46
Gemischtes Siedfleisch (Bollito Misto) 126
Genueser Crème 158
Genueser Fleischtopf 112
Gratin von Huhn mit Nudeln 129
Gurkensalat mit Fenchel 52

H

Himbeer-Crème-Schnitten 157
Huhn, sardisch 144
Hühnersuppe, italienisch 58

I

Italienische Hühnersuppe 58
Italienische Kräuterbrötchen 44
Italienische Tomatensoße 85

K

Kalbsbraten mit Tasche (Arrosto di vitello
con tasca) 130
Kalbsfilet mit Sardellen mit Kapern 131
Kalbshaxe in Gemüseeintopf (Ossobuco) . . 138
Kalbsragout in Barbera 132
Kampanisches Feuer 85
Kaninchen in Wermut 133
Kartoffelklößchen nach Don Alfonso
(Gnocchetti Don Alfonso) 106
Klößchen und Pasta 82
Kräuterbrötchen, italienische 44
Kastaniensuppe 58

L

Lammbraten, römischer 134
Lammfleischfüllung, Ravioli mit 97
Lamm und Auberginen, Risotto mit 76
Lasagne nach Bologneser Art 92
Leber auf Mailänder Art 136
Ligurischer Tintenfischsalat 49

M

Mailänder Salami, Feigen mit 46
Mais-Pasta mit Gemüsesugo 90
Mascarpone, Früchtegratin mit 153
Meeresfrüchte und Fische 110
Minestrone aus dem Tessin 60
Muscheln alla Giovanni 118

N

Nachspeisen und Gebäck 148
Nudeln mit grünem Spargel 93
Nudeln mit zweierlei Käse 96
Nuden mit kleinen Artischocken 95

P

Pasta und Klößchen 82
Putenröllchen mit Parmaschinken
in Bohnengemüse 141

R

Ravioli mit Lammfleischfüllung 97
Reis 70
Rigatoni mit Brokkoli 98
Rinderbraten in Sangiovese 142
Risotto mit Entenragout und Apfelcurry . . . 72
Risotto mit Kürbis, Bohnen und
Amaretti-Keksen 73
Risotto mit Lamm und Auberginen 76
Risotto mit Spargel und Garnelen 78
Risotto mit Steinpilzen 79
Risotto mit Rucola, Paprika und Sardellen . 77
Römischer Lammbraten 134

S

Sardisches Huhn 144
Scampi mit Knoblauch und Olivenöl 120
Schweinefilet in Balsamiko 146
Schinkensoße, Fussili mit 91
Soffritto 45
Siedfleisch, gemischtes (Bollito Misto) 126
Spaghetti mit Sardinen im Pergamentpaket . 100
Spargel, grüner mit Nudeln 93
Steinpilznudeln 102
Südtiroler Speckknödel auf gedünsteten
Pilzen 109
Sugo Bolognese 84
Suppen 56

T

Tagliatelle mit Anchovis (Tagliatelle
all' acciuga) 103
Tagliatelle mit Venusmuscheln (Tagliatelle
alle vongole) 104
Tiramisù 150
Tintenfisch mit Nudeln 114
Tintenfischsalat, ligurischer 49
Tomaten, gefüllte mit Oliven und Kapern . . 46
Tomatensoße, italienische 85

U

Umbrische Brotsuppe 63
Umbrischer Bohnensalat 50

V

Venezianischer Seeteufel 119
Venusmuscheln, Tagliatelle mit 104

W

Weinschaumcreme (Zabaione) 158
Wildschweinrücken aus der Marema 147

Z

Zabaione (Weinschaumcreme) 158
Zitronencreme, mit Feigen 152
Zitronennudeln 105
Zuppa inglese 159
Zucchini, Chilinudeln mit 89
Zucchini, Garnelen in 116
Zwiebelkuchen aus Assisi 49

Das Schwedische Kochbuch

ALEXANDER TÄNNDALEN

PETRA KNORR

KOMET

DAS TÜRKISCHE KOCHBUCH NEVIN HALICI

KOMET

Das polnische Kochbuch

Petra Knorr

KOMET

Lär

be

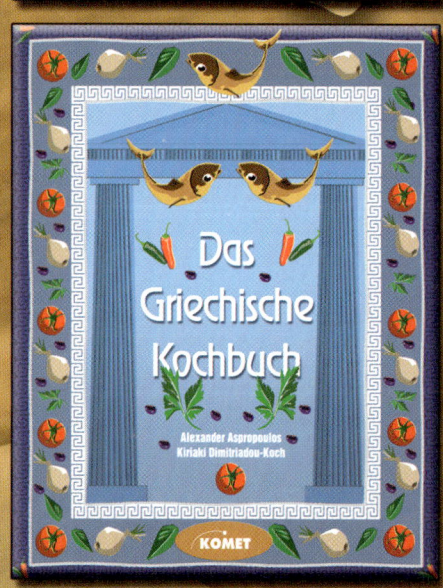

Das Griechische Kochbuch

Alexander Aspropoulos
Kiriaki Dimitriadou-Koch

KOMET

das jüdische kochbuch

Petra Knorr

KOMET

DAS RUSSISCHE KOCHBUCH

PETRA KNORR

KOMET

Das spanische Kochbuch

Petra Knorr

KOMET

derküche

KOMET

DAS ITALIENISCHE KOCHBUCH

Johannes Wirtz / Rino De Masi

KOMET

Das chinesische Kochbuch

Dr. Michael Vorms
Jörg Zhao

KOMET